New 다이나믹 일본어

Step 1

다락원

머리말

다이나믹 일본어 Step1-2는 일본어를 처음으로 공부하는 분, 또는 다시 일본어를 시작하려는 분들을 대상으로 만든 초급 학습서입니다. 학습 과정은 일본어의 문자와 발음을 시작으로 기본 문형과 어휘를 익히고, 이를 바탕으로 기초적인 일본어를 읽고 이해할 수 있는 능력을 기르게 됩니다.

외국어 학습은 마치 계단을 오르는 것과 같습니다. 한 단계 한 단계 꾸준히 오르다 보면 어느새 이만큼 올라서 있는 나를 보게 됩니다. 물론 도중에 좌절을 겪기도 하고 쉬기도 하겠지만 어느 정도 꾸준히 이어가다 보면 자신이 원하던 목적지에 도착하게 됩니다. 목적지에 서서 오른 길을 바라보면 그 높이에 놀라게 되지요. 일본어 공부도 마찬가지입니다. 꾸준히 하다보면 자신도 모르게 일본어가 들리기 시작하고 일본인과 대화를 하고 있는 자신을 발견하게 됩니다.

이 교재는 여러분 각자가 목적지를 향해 한 발 한 발 꾸준히 다가갈 수 있도록 학습내용을 보다 쉽고 보다 재미있게 만들었습니다. 특히 이번 개정판은 다음과 같은 특징이 있습니다.

1. 일본어 기초 문형 및 어휘를 기준으로 구성하여 학습 후 일본어능력시험 N5, N4의 실력을 쌓을 수 있도록 하였습니다.
2. 본문 회화를 두 유형으로 짧게 구성하여 집중력을 강화시켰습니다.
3. 많은 연습문제를 통하여 표현력이 향상될 수 있도록 하였습니다.
4. 유사한 문형을 여러 과에 분산·구성함으로써 불필요한 학습 부담과 혼동을 최소화 하였습니다.
5. 둘러보기를 통해 일본에서 자주 쓰이는 어휘와 주요 표현을 익혀, 일본인의 언어습관과 문화를 좀 더 자세히 이해할 수 있도록 하였습니다.

부디 이 교재를 잘 활용하여 일본어 실력과 함께 일본문화에 대한 넓은 시야를 길러 장차 한일 교류의 주역이 될 수 있기를 기대합니다.

마지막으로 이 교재가 나오기까지 도움을 주신 (주)다락원 정규도 사장님과 일본어출판부 편집자 분들께 감사의 말씀을 드립니다.

저자 일동

이 책의 구성과 특징

1. 본 책은 『New 다이나믹 일본어 시리즈』의 제1단계 교재로, 일본어 문자와 발음, 기초 문법, 회화를 학습하는 입문 교재입니다.

2. 전체 구성은 1과~2과는 일본어 문자와 발음, 3과~16과는 일본어 입문자들이 알아야 할 기초 문법과 문형으로 구성된 회화를 학습하는 내용으로 되어 있습니다.

3. 일본어 문자와 발음에서는 히라가나와 가타카나를 처음 접하는 학습자의 편의를 위하여 오십음도와 필순을 실었습니다.

4. 각 과는 학습 포인트, 회화(1, 2), 새로 나온 단어, 문법 알기, 구문 연습, 회화 연습, 둘러보기로 구성되어 있습니다.

5. MP3 파일은 일본어 문자와 발음, 회화 1, 회화 2, 회화 연습을 제공합니다.

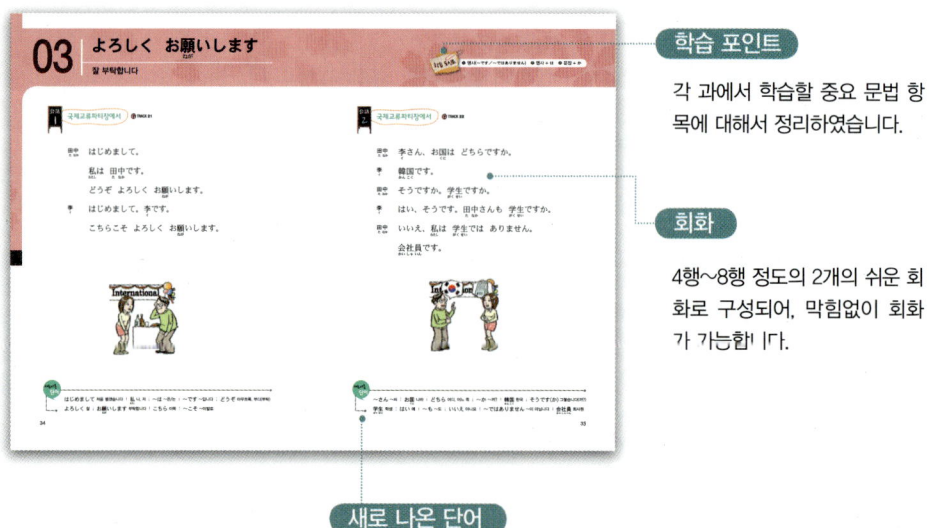

학습 포인트
각 과에서 학습할 중요 문법 항목에 대해서 정리하였습니다.

회화
4행~8행 정도의 2개의 쉬운 회화로 구성되어, 막힘없이 회화가 가능합니다.

새로 나온 단어
각 파트에서 나오는 새로운 단어를 정리하였습니다.

문법 알기

본문에 나오는 중요 문법이나 문형 등의 포인트를 잡아, 쉽고 다양한 예문과 함께 정리하였습니다.

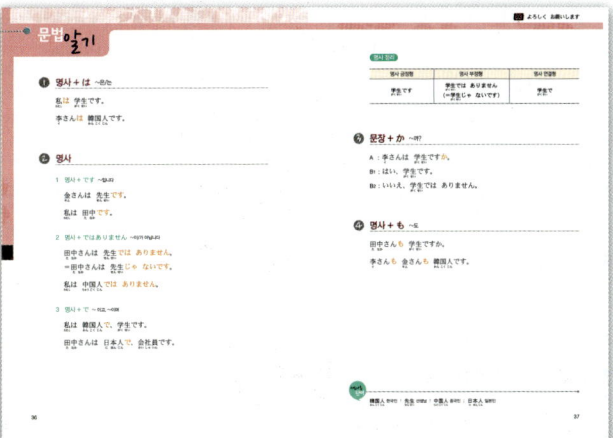

연습문제

구문 연습과 회화 연습으로 나눠, 본문 회화와 문법 알기에서 학습한 문법이나 문형을 다양한 어휘를 활용하여 연습할 수 있습니다. 구문 연습에서는 쓰는 연습, 회화 연습에서는 말하는 연습을 할 수 있습니다.

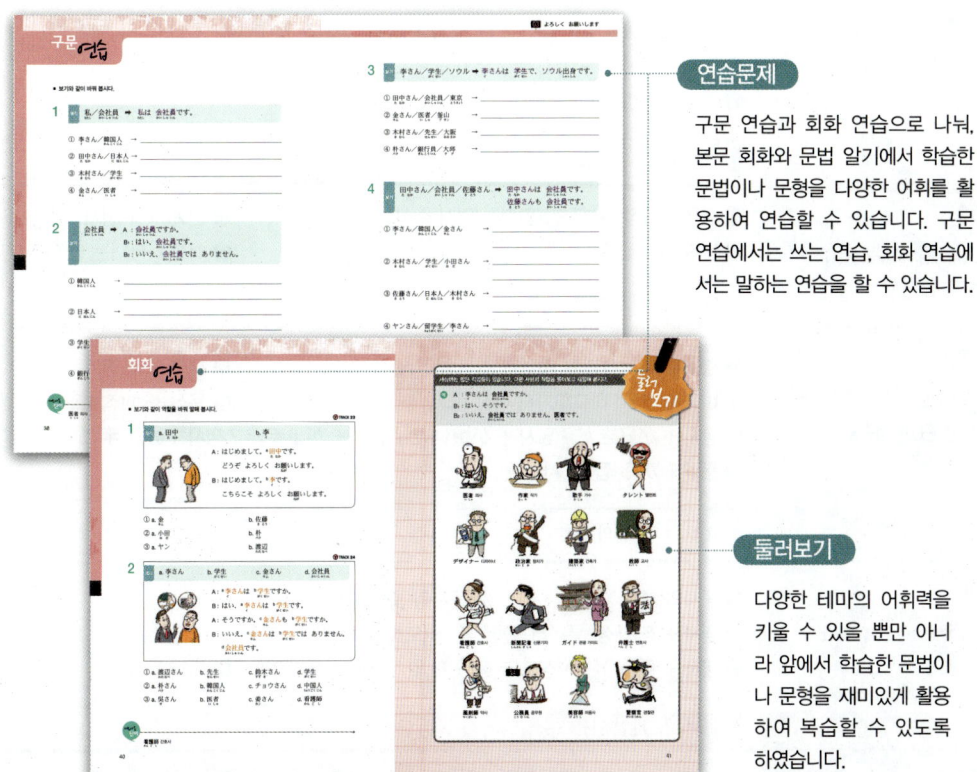

둘러보기

다양한 테마의 어휘력을 키울 수 있을 뿐만 아니라 앞에서 학습한 문법이나 문형을 재미있게 활용하여 복습할 수 있도록 하였습니다.

학습 포인트

01 일본어 문자와 발음(1)	❶ 일본어 문자	❷ 오십음도	❸ 청음

02 일본어 문자와 발음(2)	❶ 탁음	❷ 반탁음	❸ 요음
	❹ 촉음	❺ 발음	❻ 장음
	둘러보기	일본의 인사말	

03 よろしく お願いします	❶ 명사 + は(조사)	❷ 명사(명사 + です/ 명사 + ではありません / 명사 +で)	
	❸ 문장 + か(조사)	❹ 명사 + も(조사)	
	둘러보기	직업명	

04 それは 何ですか	❶ こ・そ・あ・ど(지시사)	❷ 의문사	
	❸ 명사 + が(조사)	❹ 명사 + の(조사)	
	둘러보기	문구류	

05 授業は 何時からですか	❶ 숫자 읽기 1(1~100)	❷ 시간 읽기(시/분)	❸ 요일 읽기
	❹ 때를 나타내는 말 1(일)	❺ 명사 + から, 명사 + まで	
	❻ 명사 과거(명사 + でした / 명사 + ではありませんでした)		
	❼ 명사 + と(나열)		
	둘러보기	TV 편성표	

06 日本語の 勉強は おもしろいです	❶ 형용사(긍정형/부정형/연결형/명사 수식형)	❷ どんな + 명사
	❸ 날짜 읽기(월/일)	❹ 때를 나타내는 말 2(주/월)
	둘러보기	신체 기관

07 コーヒーと お茶と どちらが 好きですか	❶ 형용사의 과거(과거 긍정형/과거 부정형)	❷ 문장 + ね(종조사)
	❸ 비교문(2가지 비교/3가지 이상 비교)	❹ 문장 + が(접속조사)
	❺ 명사 + が好きだ / 명사 + が嫌いだ / 명사 + が上手だ / 명사 + が下手だ	
	❻ 문장 + から(접속조사)	
	둘러보기	일본의 음료

08 ホテルで 食事を します	❶ 동사의 분류	❷ 동사의 ます형	
	❸ 명사 + を(대상, 통과점, 출발점), へ(도착점, 방향), に(도착점), で(장소)		
	❹ 명사 + く(ぐ)らい(정도)	❺ 숫자 읽기 2(100~90,000)	❻ 가격 묻기
	둘러보기	과일 이름	

09 デパートは どこに ありますか	❶ 존재동사(ある / いる)	❷ 존재문	❸ 위치를 나타내는 말
	❹ 형용사 + の	❺ 명사 + ではなくて	
	둘러보기	방에 있는 물건	

10 シャツを 2枚 買いました	❶ 동사의 과거(～ました) ❷ 의문사 + か / も ❸ 명사 / 동사 ます형 + に(목적) ❹ 조수사 ❺ 명사 + と(상대) ❻ 명사 + で(한도, 기준) ❼ 명사 + しか(한정)	
	둘러보기	여러 가지 장소
11 お土産が 買いたいです	❶ 기간 표현 1(연간/개월/주간) ❷ 명사 + に(동작의 시점/동작의 상대) ❸ 명사 + だけ(한정) ❹ 희망 표현(ほしいです / ～たいです) ❺ 명사 + や(나열) ❻ 문장 + よ(종조사)	
	둘러보기	일본의 음식
12 気を つけて 帰って ください	❶ 동사의 て형 ❷ 동사 て형 표현 ❸ 동사 て형 + てください(의뢰 표현) ❹ 동사 ます형 + ましょう(청유형) ❺ 동사 ます형 + ましょうか(청유형) ❻ 동사 て형 + てから	
	둘러보기	음식 재료
13 あそこで 本を 読んで います	❶ 가족 명칭 ❷ 동사 て형 + ています(진행/상태/습관) ❸ ている 표현 ❹ 나이 묻기 ❺ 착용을 나타내는 말	
	둘러보기	의복 이름
14 お台場へ 行った ことが ありますか	❶ 동사의 た형(과거) ❷ 동사 た형 + たことがあります/ありません(경험) ❸ もう / まだ ❹ 동사 ます형 + ませんか(권유 표현) ❺ 명사 + ごろ ❻ [명사 + の / 동사 た형 + た] + あとで ❼ [명사 + の / 동사 사전형] + 予定た ❽ 명사 + で(수단)	
	둘러보기	교통수단
15 テレビを 見たり、 インターネットを したり します	❶ 동사 た형 + たり(나열) ❷ 동사 ます형 + ながら(동시 동작) ❸ 기간 표현 2(년/일/시간/분) ❹ [명사 + の / 동사] + 前に	
	둘러보기	일본의 운동
16 飲み物は 飲まないで ください	❶ 동사의 ない형(부정) ❷ 동사 て형 + てもいいです(허가 표현) ❸ 동사 ない형 + ないでください(부정의 명령, 의뢰 표현) ❹ 동사 て형 + てはいけません(금지 표현) ❺ 문장 + から + 문장(이유)	
	둘러보기	동물 이름

이 책의 차례

머리말 3
이 책의 구성과 특징 4
학습 포인트 6

01 일본어 문자와 발음 ❶ 10
02 일본어 문자와 발음 ❷ 24

03 よろしく お願いします 34
04 それは 何ですか 42
05 授業は 何時からですか 50
06 日本語の 勉強は おもしろいです 60
07 コーヒーと お茶と どちらが 好きですか ... 72
08 ホテルで 食事を します 82
09 デパートは どこに ありますか 92
10 シャツを 2枚 買いました 100
11 お土産が 買いたいです 110
12 気を つけて 帰って ください 120
13 あそこで 本を 読んで います 130
14 お台場へ 行った ことが ありますか 140
15 テレビを 見たり、インターネットを したり します ... 150
16 飲み物は 飲まないで ください 158

부록 169

New 다이나믹 일본어

Step 1

문자와 발음

01 | 일본어 문자와 발음 ❶

● 일본어의 문자

일본어의 문자는 히라가나(ひらがな), 가타카나(カタカナ), 한자(漢字)를 병용하는 것이 일반적이다.

❶ 히라가나(ひらがな)

한자의 초서체를 바탕으로 만들어진 문자로, 글자의 모양이 부드러운 곡선으로 이루어져 있다. 일본의 헤이안시대(平安時代 9세기경)에 궁중 여성들에 의해 주로 수필이나 서간문에 사용되었으며, 지금은 한자와 함께 현대 일본어의 일상 언어를 표현하는데 가장 기본이 되는 문자이다.

❷ 가타카나(カタカナ)

헤이안시대부터 스님들이 불경을 읽기 위한 보조 기호로, 발음을 표기하기 위하여 쓰여진 문자이다. 글자의 모양이 직선적이며 각을 이루는 글자가 많다. 발음은 히라가나와 동일하고 제한적으로 사용되는데, 주로 외래어 표기나 의성어, 의태어, 전보문, 동·식물 이름, 광고 등 그 외에 특별히 강조하고 싶은 부분이 있을 때 쓴다.

학습포인트 ❶ 일본어 문자 ❷ 오십음도 ❸ 청음

❸ 한자

가나(仮名)가 발명되기 전에 사용하였다. 발음은 일본 고유의 뜻을 살려 읽는 훈독(訓読)과 원래의 음대로 읽는 음독(音読)의 두 가지 방법이 있으며, 읽는 방법에 따라 의미도 달라진다. 현재 일본에서는 2,136자의 상용한자를 제정하여 일상생활에서의 한자 사용의 기준으로 삼고 있다.

● 오십음도(五十音図)
ごじゅうおん ず

오십음도란, 일본의 가나(仮名) 문자를 일정한 순서에 따라 5자씩 10개의 행(行)으로 배열해 놓은 도표를 말한다.

단(段)은 모음으로 배열되어 있으며, 각 단의 첫 글자를 따서 'あ단, い단, う단, え단, お단'이라고 한다. 행(行)은 같은 자음으로 배열되어 있으며, 각 행의 첫 글자를 따서 'あ행, か행, さ행, た행, な행, は행, ま행, や행, ら행, わ행'이라고 한다.

행과 단은 동사의 어미 활용과 사전을 이용할 때 적용하게 되므로 중요하다.

오십음도 (五十音図)

TRACK 01

	あ행	か행	さ행	た행	な행
あ단	あ a ア あおい 파랗다	か ka カ かお 얼굴	さ sa サ さか 비탈	た ta タ たき 폭포	な na ナ なつ 여름
い단	い i イ いう 말하다	き ki キ きく 국화	し shi シ しか 사슴	ち chi チ ちかてつ 지하철	に ni ニ にく 고기
う단	う u ウ うえ 위	く ku ク くき 줄기	す su ス すいか 수박	つ tsu ツ つくえ 책상	ぬ nu ヌ いぬ 개
え단	え e エ いえ 집	け ke ケ いけ 연못	せ se セ せかい 세계	て te テ て 손	ね ne ネ ねこ 고양이
お단	お o オ おう 뒤쫓다	こ ko コ こえ (목)소리	そ so ソ そうこ 창고	と to ト とけい 시계	の no ノ つの 뿔

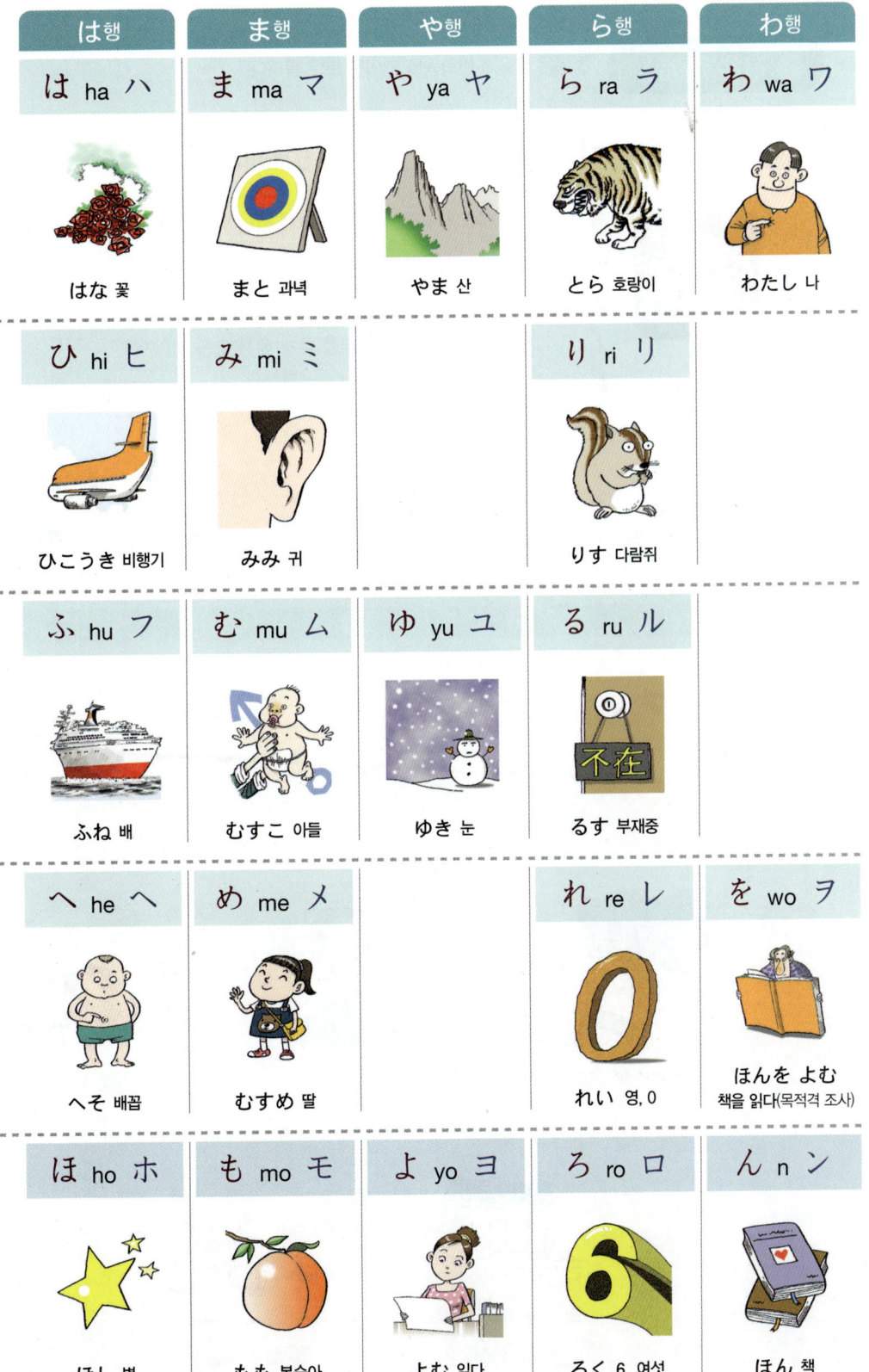

① 청음(清音) 청음은 탁음과 반탁음을 제외한 모든 음이다.

1. 모음(母音) : 모음은 あ, い, う, え, お의 5개이다.

あ : 우리말 '아'와 거의 같으며, 입을 크게 벌려 발음한다.
い : 우리말 '이'와 거의 같으며, 조금 긴장시켜 짧게 발음한다.
う : 우리말 '우'와 '으'의 중간음에 가까우며, 입술을 너무 앞으로 내밀지 않도록 한다.
え : 우리말 '에'와 거의 같으며, 혀를 낮게 해서 짧게 발음한다.
お : 우리말 '오'와 거의 같으며, 입을 좁고 둥글게 해서 발음한다.

TRACK 02

あ	い	う	え	お
[a]	[i]	[u]	[e]	[o]
ア	イ	ウ	エ	オ

あおい 파랗다　　いう 말하다　　うえ 위

いえ 집　　おう 뒤쫓다

01 일본어 문자와 발음 ❶

2. 자음(子音) : 자음에는 청음, 탁음, 반탁음이 있다.

か행은 어두에서는 우리말 'ㄱ'과 'ㅋ'의 중간음에 가깝지만, 어중이나 어말에서는 'ㄲ'에 가깝다. 따라서, 숨을 내쉬듯이 발음하지 않으면 'ㄱ'처럼 들리므로 주의해야 한다.

🎧 TRACK 03

か	き	く	け	こ
[ka]	[ki]	[ku]	[ke]	[ko]
カ	キ	ク	ケ	コ

かお 얼굴　　きく 국화　　くき 줄기

いけ 연못　　こえ (목)소리

 さ행

さ, せ, そ의 자음은 [s]지만, し는 입술 모양을 좀 더 옆으로 길게 하여 발음한다. す는 우리말의 '수'와 '스'의 중간음에 가깝게 발음한다.

TRACK 04

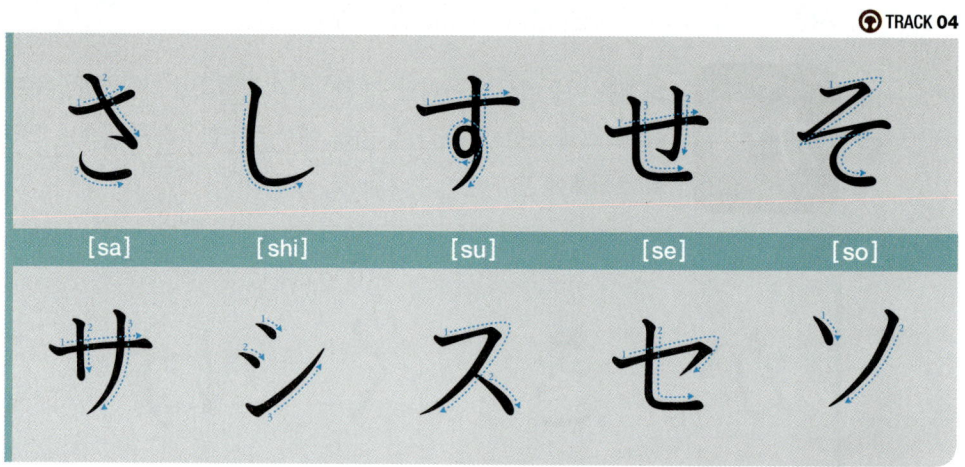

さ	し	す	せ	そ
[sa]	[shi]	[su]	[se]	[so]
サ	シ	ス	セ	ソ

さか 비탈　　しか 사슴　　すいか 수박

せかい 세계　　そうこ 창고

 **た행**

た, て, と는 어두에서는 우리말 'ㄷ'과 'ㅌ'의 중간음에 가깝게, 어중이나 어말에서는 'ㄸ'에 가깝게 발음한다. ち는 우리말 '치'에 가깝게, つ는 '츠'와 '쓰'의 중간음으로 발음한다. 익히기 어려운 발음이므로 충분히 연습해 두자.

🎧 TRACK 05

た	ち	つ	て	と
[ta]	[chi]	[tsu]	[te]	[to]
タ	チ	ツ	テ	ト

たき 폭포

ちかてつ 지하철

つくえ 책상

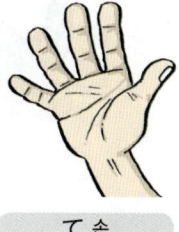
て 손

とけい 시계

な 행

な 행은 우리말의 'ㄴ'과 같으나, に는 구개음화로 혀를 안쪽으로 넣어서 발음한다.

TRACK 06

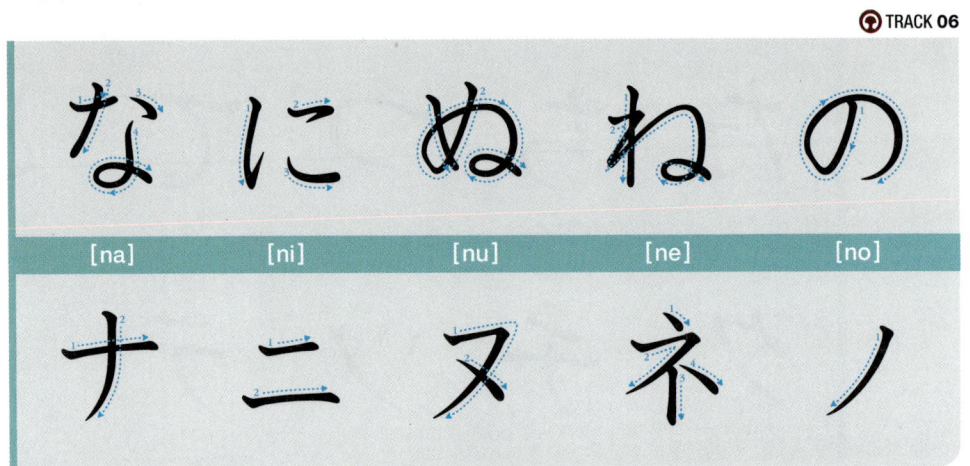

な	に	ぬ	ね	の
[na]	[ni]	[nu]	[ne]	[no]
ナ	ニ	ヌ	ネ	ノ

なつ 여름

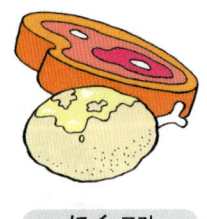
にく 고기

いぬ 개

ねこ 고양이

つの 뿔

01 일본어 문자와 발음 ❶

 は, へ, ほ의 자음은 우리말 'ㅎ'과 거의 같으나, 숨을 너무 강하게 내지 않는다. ひ는 우리말 '히'로 혀의 뒤쪽 부분을 높이 올려서 발음한다. ふ는 우리말 'ㅎ'와 '우'의 중간음으로 입술을 동글려서 숨을 내쉬듯 발음한다.

TRACK 07

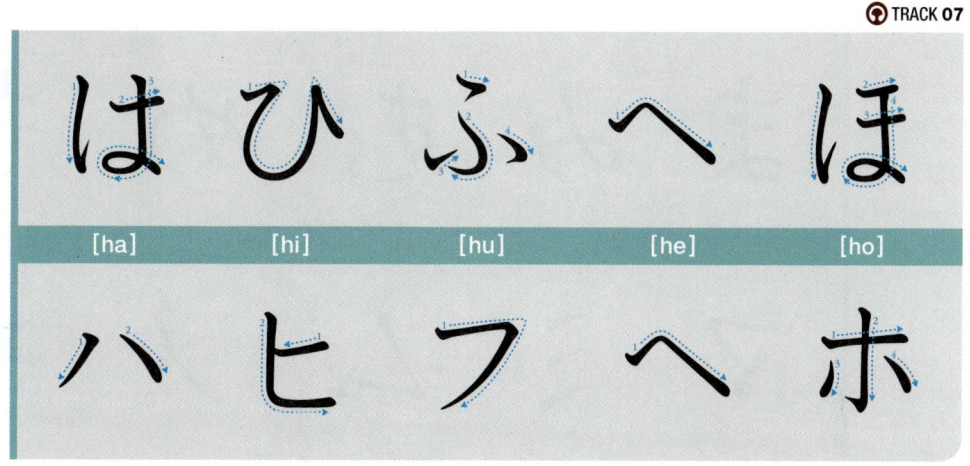

はな 꽃

ひこうき 비행기

ふね 배

へそ 배꼽

ほし 별

 ま 행은 우리말 'ㅁ'과 거의 같으며, 짧고 가볍게 발음한다.

TRACK 08

ま	み	む	め	も
[ma]	[mi]	[mu]	[me]	[mo]
マ	ミ	ム	メ	モ

まと 과녁

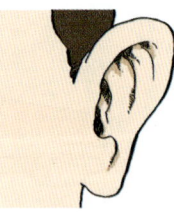
みみ 귀

むすこ 아들

むすめ 딸

もも 복숭아

 행

반모음으로, 우리말 '야, 유, 요'와 거의 같으며, 입술을 앞으로 내밀지 않도록 한다.

TRACK 09

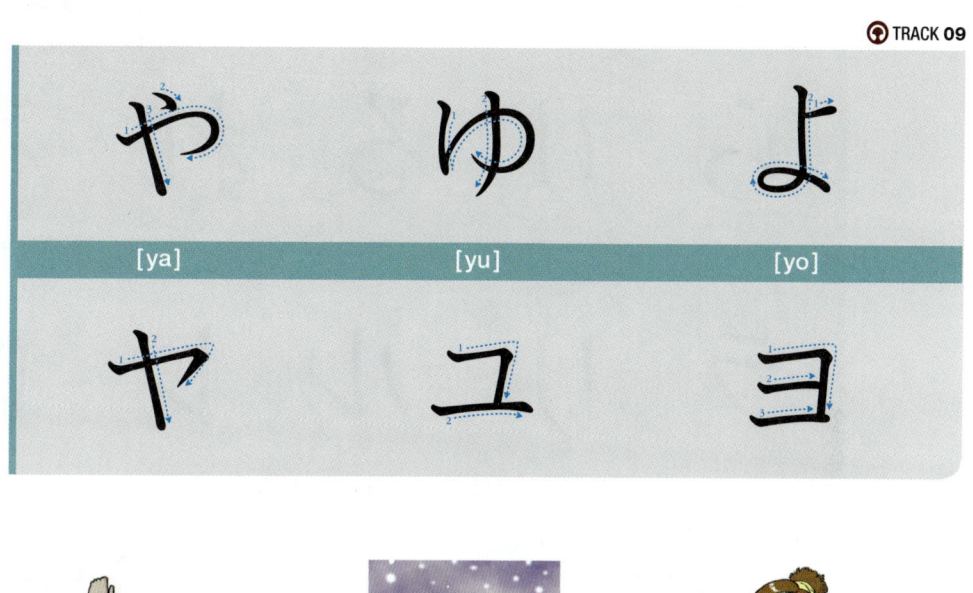

やま 산

ゆき 눈

よむ 읽다

 ら행은 우리말 'ㄹ'과 거의 같으며, 혀끝이 잇몸을 한 번만 가볍게 튕기듯이 내는 소리이다.

TRACK 10

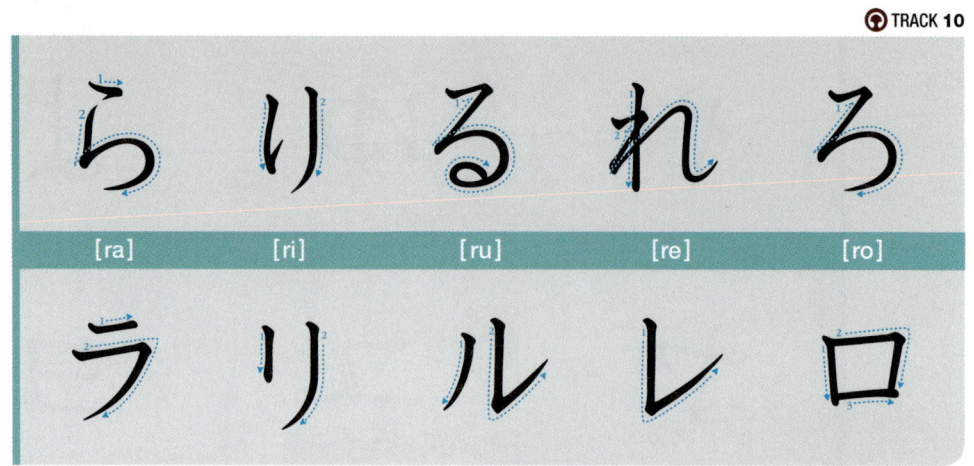

とら 호랑이

りす 다람쥐

るす 부재중

れい 영, 0

ろく 육, 6

わ : 우리말 '와'와 거의 같으며, 반모음이다.
を : あ행의 'お'와 발음은 같으나, 목적격 조사로만 쓰인다.
ん : 우리말 'ㄴ, ㅁ, ㅇ'에 해당하며, 받침으로만 쓰인다.

TRACK 11

わ	を	ん
[wa]	[o]	[n]
ワ	ヲ	ン

わたし 나

ほんを よむ 책을 읽다(목적격 조사)

ほん 책

02 일본어 문자와 발음 ②

① 탁음(濁音)

탁음이란 か행, さ행, た행, は행에 탁점 「゛」이 붙은 글자를 말한다.

か행의 유성 자음으로 성대를 울려서 발음한다. 우리말의 모음 뒤에 오는 유성음 'ㄱ'과 같다.

TRACK 12

が	ぎ	ぐ	げ	ご
[ga]	[gi]	[gu]	[ge]	[go]
ガ	ギ	グ	ゲ	ゴ

がくせい 학생　　ぎんこう 은행　　およぐ 수영하다　　げんき 건강　　ごぜん 오전

ざ행의 발음은 [z] 발음과 비슷한다. 우리말의 'ㅈ'과 비슷하지만, 조금 더 부드러운 발음이다. 한국인이 특히 학습하기 어려운 발음이므로 연습해 두자.

TRACK 13

ざ	じ	ず	ぜ	ぞ
[za]	[ji]	[zu]	[ze]	[zo]
ザ	ジ	ズ	ゼ	ゾ

ざる 소쿠리　　じてん 사전　　みず 물　　かぜ 바람　　ぞう 코끼리

❶ 탁음 ❷ 반탁음 ❸ 요음 ❹ 촉음 ❺ 발음 ❻ 장음

だ행

だ, で, ど는 어두에 올 때, 우리말 모음 뒤에 오는 'ㄷ'과 거의 같다.
ぢ와 づ는 じ, ず와 발음이 같다.

TRACK 14

だ	ぢ	づ	で	ど
[da]	[ji]	[zu]	[de]	[do]
ダ	ヂ	ヅ	デ	ド

だれ 누구   はなぢ 코피   こづつみ 소포   でんわ 전화   どようび 토요일

ば행

우리말 어중의 'ㅂ'과 거의 같으며, 분명하고 강하게 발음한다.

TRACK 15

ば	び	ぶ	べ	ぼ
[ba]	[bi]	[bu]	[be]	[bo]
バ	ビ	ブ	ベ	ボ

ばら 장미꽃   びじん 미인   ぶどう 포도   べんとう 도시락   ぼうし 모자

② 반탁음(半濁音)

반탁음은 は행 오른쪽 위에 반탁점「 ﾟ」이 붙은 글자로 우리말 'ㅍ'에 가깝고, 어중이나 어말에서는 '빠, 삐, 뿌, 뻬, 뽀'에 가깝게 발음한다. 외래어 등에 자주 사용한다.

🎧 TRACK 16

ぱ	ぴ	ぷ	ぺ	ぽ
[pa]	[pi]	[pu]	[pe]	[po]
パ	ピ	プ	ペ	ポ

パン 빵　　ピアノ 피아노　　プロ 프로　　ペン 펜　　たんぽぽ 민들레

③ 요음(拗音)

い를 제외한 い단 き, ぎ, し, じ, ち, に, ひ, び, ぴ, み, り자음 뒤에 반모음 や, ゆ, よ를 작게 붙여 쓴다. 두 글자를 합쳐서 한 박자(1음절)로 발음해야 한다.

🎧 TRACK 17

きゃ	きゅ	きょ
キャ	キュ	キョ
ぎゃ	ぎゅ	ぎょ
ギャ	ギュ	ギョ
しゃ	しゅ	しょ
シャ	シュ	ショ
じゃ	じゅ	じょ
ジャ	ジュ	ジョ

ちゃ / チャ	ちゅ / チュ	ちょ / チョ
にゃ / ニャ	にゅ / ニュ	にょ / ニョ
ひゃ / ヒャ	ひゅ / ヒュ	ひょ / ヒョ
びゃ / ビャ	びゅ / ビュ	びょ / ビョ
ぴゃ / ピャ	ぴゅ / ピュ	ぴょ / ピョ
みゃ / ミャ	みゅ / ミュ	みょ / ミョ
りゃ / リャ	りゅ / リュ	りょ / リョ

きゃく 손님
しゃしん 사진
おちゃ 차, 녹차
こんにゃく 곤약
しょうりゃく 생략

やきゅう 야구
じゅう 10, 십
ちゅうい 주의
ぎゅうにゅう 우유
りゅうがく 유학

きょうしつ 교실
しょくじ 식사
ちょうしょく 조식
にょうぼう 아내
りょうり 요리

❹ 촉음(促音)

🎧 TRACK 18

1. [k] /ㄱ/으로 발음나는 경우 : か행 앞에서

がっこう [gakkou] 학교   さっか [sakka] 작가

2. [s] /ㅅ/으로 발음나는 경우 : さ행 앞에서

きっさてん [kissateN] 커피숍, 다방   ざっし [zassi] 잡지

3. [t] /ㄷ/으로 발음나는 경우 : た행 앞에서

きって [kitte] 우표   おっと [otto] 남편

4. [p] /ㅂ/으로 발음나는 경우 : ぱ행 앞에서

きっぷ [kippu] 표   いっぱい [ippai] 가득

❺ 발음(撥音: ん)

🎧 TRACK 19

1. [m] /ㅁ/으로 발음나는 경우 : ば행, ぱ행, ま행 앞에서

かんぶ [kambu] 간부   かんぱい [kampai] 건배
さんま [samma] 꽁치

2. [n] /ㄴ/으로 발음나는 경우 : さ행, ざ행, た행, だ행, な행, ら행 앞에서

せんせい [sensei] 선생님   かんじ [kandʒi] 한자
せんたく [sentaku] 세탁   ほんだな [hondana] 책장
あんない [annai] 안내   べんり [benri] 편리

3. [ŋ] /ㅇ/으로 발음나는 경우 : か행, が행 앞에서

かんこく [kaŋkoku] 한국   おんがく [oŋgaku] 음악

4. [N] /ㄴ과 ㅇ의 중간음/으로 발음나는 경우 : は행, 모음(あ행), 반모음(や행, わ행) 앞에서, ん으로 끝날 때

　　よんひゃく [yoNhyaku] 사백　　　　れんあい [reNai] 연애
　　ほんや [hoNya] 책방　　　　　　　でんわ [deNwa] 전화
　　おでん [odeN] 어묵

❻ 장음(長音)

TRACK 20

앞 글자의 모음을 한 박자 길게 발음하며, 음의 길이에 따라 뜻이 달라진다.
히라가나에서는 あ, い, う, え, お의 모음을 붙이고, 가타카나에서는 'ー'으로 표기한다.

1. **あ단＋あ**　おかあさん 어머니　　　おばあさん 할머니

2. **い단＋い**　おにいさん 형, 오빠　　おじいさん 할아버지

3. **う단＋う**　くうき 공기　　　　　　すうじ 숫자

4. **え단＋え**　おねえさん 언니, 누나
   え단＋い (주로 한자어의 경우)　せんせい 선생님　　ゆうめい 유명

5. **お단＋お**　おおい 많다　　　　　　とおい 멀다
   お단＋う　おとうと 남동생　　　　がっこう 학교

우리들은 일상생활에서 다양한 인사말을 사용합니다.
자주 사용하는 일본어 인사말에 대해 알아봅시다.

❶ 기본 인사

おはようございます
안녕하세요(아침인사)

こんにちは
안녕하세요(점심인사)

こんばんは
안녕하세요(저녁인사)

❷ 잠잘 때

おやすみなさい
안녕히 주무세요

おやすみ
잘 자

❸ 감사할 때

ありがとうございます
고맙습니다

どういたしまして
천만에요

❹ 헤어질 때

では、また 그럼, 또
さようなら 안녕히 가(계)세요

❺ 집을 나갈 때

❻ 귀가할 때

❼ 식사할 때

❽ 물을 때

주요 등장인물

田中美香
たなかみか
다나카 미카

26세의 일본인 여성, 회사원

李ジュノ
イ
이주노

26세의 한국인 남성
유학생

佐藤豊
さとうゆたか
사토 유타카

35세의 일본인 남성
회사원

木村絵里
きむらえり
기무라 에리

21세의 일본인 여성
대학생

小田裕希
おだゆうき
오다 유키

22세의 일본인 남성
대학생

New 다이나믹 일본어

Step 1

본문 회화

03 よろしく お願いします
잘 부탁합니다

 **会話 1** 국제교류파티장에서 🎧 TRACK 21

田中　はじめまして。

　　　私は 田中です。

　　　どうぞ よろしく お願いします。

李　　はじめまして。李です。

　　　こちらこそ よろしく お願いします。

 새로 나온 단어

はじめまして 처음 뵙겠습니다 ｜ 私 나, 저 ｜ 〜は 〜은/는 ｜ 〜です 〜입니다 ｜ どうぞ 아무쪼록, 부디(부탁)
よろしく 잘 ｜ お願いします 부탁합니다 ｜ こちら 이쪽 ｜ 〜こそ 〜야말로

 ❶ 명사(~です/~ではありません) ❷ 명사 + は ❸ 문장 + か

会話 2 국제교류파티장에서 TRACK 22

田中　李さん、お国は　どちらですか。

李　　韓国です。

田中　そうですか。学生ですか。

李　　はい、そうです。田中さんも　学生ですか。

田中　いいえ、私は　学生では　ありません。
　　　会社員です。

새로나온 단어

~さん ~씨 | お国 나라 | どちら 어디, 어느 쪽 | ~か ~까? | 韓国 한국 | そうです(か) 그렇습니다(까?)
学生 학생 | はい 예 | ~も ~도 | いいえ 아니요 | ~ではありません ~이 아닙니다 | 会社員 회사원

문법 알기

❶ 명사 + は ~은/는

私は 学生です。
わたし　がくせい

李さんは 韓国人です。
イ　　　かんこくじん

❷ 명사

1 명사 + です ~입니다

金さんは 先生です。
キム　　　せんせい

私は 田中です。
わたし　たなか

2 명사 + ではありません ~이/가 아닙니다

田中さんは 先生では ありません。
たなか　　　せんせい

＝田中さんは 先生じゃ ないです。
　たなか　　　せんせい

私は 中国人では ありません。
わたし　ちゅうごくじん

3 명사 + で ~이고, ~이며

私は 韓国人で、学生です。
わたし　かんこくじん　がくせい

田中さんは 日本人で、会社員です。
たなか　　　にほんじん　かいしゃいん

명사 정리

명사 긍정형	명사 부정형	명사 연결형
学生です _{がくせい}	学生では ありません _{がくせい} (＝学生じゃ ないです) _{がくせい}	学生で _{がくせい}

③ 문장 + か ～까?

A : 李さんは 学生ですか。
　　_イ　　　　_{がくせい}
B1 : はい、学生です。
　　　　_{がくせい}
B2 : いいえ、学生では ありません。
　　　　　　_{がくせい}

④ 명사 + も ～도

田中さんも 学生ですか。
_{たなか}　　_{がくせい}

李さんも 金さんも 韓国人です。
_イ　　_{キム}　　_{かんこくじん}

새로나온 단어

韓国人 한국인　|　**先生** 선생님　|　**中国人** 중국인　|　**日本人** 일본인
_{かんこくじん}　　　　　　_{せんせい}　　　　　　_{ちゅうごくじん}　　　　　　_{にほんじん}

구문 연습

■ 보기와 같이 바꿔 봅시다.

1

> 보기　私（わたし）／会社員（かいしゃいん）　➡　私（わたし）は　会社員（かいしゃいん）です。

① 李（イ）さん／韓国人（かんこくじん）　→ _____

② 田中（たなか）さん／日本人（にほんじん）　→ _____

③ 木村（きむら）さん／学生（がくせい）　→ _____

④ 金（キム）さん／医者（いしゃ）　→ _____

2

> 보기　会社員（かいしゃいん）　➡　A：会社員（かいしゃいん）ですか。
> 　　　　　　　　　　　　　　　B₁：はい、会社員（かいしゃいん）です。
> 　　　　　　　　　　　　　　　B₂：いいえ、会社員（かいしゃいん）では　ありません。

① 韓国人（かんこくじん）　→ _____

② 日本人（にほんじん）　→ _____

③ 学生（がくせい）　→ _____

④ 銀行員（ぎんこういん）　→ _____

새로나온 단어

医者（いしゃ） 의사 ｜ 銀行員（ぎんこういん） 은행원

3 보기 李さん／学生／ソウル ➡ 李さんは 学生で、ソウル出身です。

① 田中さん／会社員／東京 → ＿＿＿＿＿＿＿＿＿＿＿＿＿＿＿＿

② 金さん／医者／釜山 → ＿＿＿＿＿＿＿＿＿＿＿＿＿＿＿＿

③ 木村さん／先生／大阪 → ＿＿＿＿＿＿＿＿＿＿＿＿＿＿＿＿

④ 朴さん／銀行員／大邱 → ＿＿＿＿＿＿＿＿＿＿＿＿＿＿＿＿

4 보기 田中さん／会社員／佐藤さん ➡ 田中さんは 会社員です。
佐藤さんも 会社員です。

① 李さん／韓国人／金さん → ＿＿＿＿＿＿＿＿＿＿＿＿＿＿＿＿

② 木村さん／学生／小田さん → ＿＿＿＿＿＿＿＿＿＿＿＿＿＿＿＿

③ 佐藤さん／日本人／木村さん → ＿＿＿＿＿＿＿＿＿＿＿＿＿＿＿＿

④ ヤンさん／留学生／李さん → ＿＿＿＿＿＿＿＿＿＿＿＿＿＿＿＿

| ソウル 서울(지명) | 出身 출신 | 東京 도쿄(지명) | 釜山 부산(지명) | 大阪 오사카(지명) | 大邱 대구(지명) |

留学生 유학생

회화 연습

■ 보기와 같이 역할을 바꿔 말해 봅시다.

🎧 TRACK 23

1

| 보기 | a. 田中
たなか | b. 李
イ |

A: はじめまして。ᵃ田中です。
　　どうぞ よろしく お願いします。
B: はじめまして。ᵇ李です。
　　こちらこそ よろしく お願いします。

① a. 金
キム　　　　　　　b. 佐藤
さとう
② a. 小田
おだ　　　　　　b. 朴
パク
③ a. ヤン　　　　　　　b. 渡辺
わたなべ

🎧 TRACK 24

2

| 보기 | a. 李さん
イ | b. 学生
がくせい | c. 金さん
キム | d. 会社員
かいしゃいん |

A: ᵃ李さんは ᵇ学生ですか。
B: はい、ᵃ李さんは ᵇ学生です。
A: そうですか。ᶜ金さんも ᵇ学生ですか。
D: いいえ。ᶜ金さんは ᵇ学生では ありません。
　　ᵈ会社員です。

① a. 渡辺さん　　b. 先生　　　c. 鈴木さん　　d. 学生
② a. 朴さん　　　b. 韓国人　　c. チョウさん　d. 中国人
③ a. 呉さん　　　b. 医者　　　c. 姜さん　　　d. 看護師

看護師 간호사
かんごし

40

세상에는 많은 직업들이 있습니다. 다른 사람의 직업을 물어보고 대답해 봅시다.

예 A：李さんは **会社員**ですか。
　　　 イ　　　　かいしゃいん
B₁：はい、そうです。
B₂：いいえ、**会社員**では ありません。**医者**です。
　　　　　　かいしゃいん　　　　　　　　　　いしゃ

医者 의사
いしゃ

作家 작가
さっか

歌手 가수
かしゅ

タレント 탤런트

デザイナー 디자이너

政治家 정치가
せいじか

建築家 건축가
けんちくか

教師 교사
きょうし

看護師 간호사
かんごし

新聞記者 신문기자
しんぶんきしゃ

ガイド 관광 가이드

弁護士 변호사
べんごし

薬剤師 약사
やくざいし

公務員 공무원
こうむいん

美容師 미용사
びようし

警察官 경찰관
けいさつかん

04 | それは 何ですか
なん

그것은 무엇입니까?

 **会話 1** 국제교류파티장에서 🎧 TRACK 25

李(イ)　それは 何(なん)ですか。

田中(たなか)　これは 日本(にほん)の お酒(さけ)です。どうぞ。

李(イ)　私(わたし)の コップは どれですか。

田中(たなか)　ええと、これが 李(イ)さんの コップです。

李(イ)　ありがとう ございます。

 새로나온 단어

それ 그것 ｜ 何(なんに) 무엇 ｜ これ 이것 ｜ 日本(にほん) 일본 ｜ ～の ~의, ~의 것 ｜ お酒(さけ) 술 ｜ どうぞ 자(권유)
コップ 컵 ｜ どれ 어느 것 ｜ ええと 저어 ｜ ～が ~이/가 ｜ ありがとう ございます 감사합니다

학습포인트 ❶ こ・そ・あ・ど ❷ 명사 + が ❸ 명사 + の

会話 2　국제교류파티장에서　TRACK 26

李　　あの 人は 誰ですか。

田中　佐藤さんです。

田中　佐藤さん、こちらは 留学生の 李さんです。

李　　はじめまして。李です。

佐藤　佐藤です。よろしく お願いします。

　　　李さんは どちらの 学生ですか。

李　　世界大学です。

새로나온 단어

あの 저 | 人 ひと 사람 | 誰 だれ 누구 | こちら 이분, 이쪽 | 世界 せかい 세계 | 大学 だいがく 대학

문법 알기

① こ・そ・あ・ど

これは お酒(さけ)です。

それは 何(なん)ですか。

あれは 雑誌(ざっし)です。

あの 人(ひと)は 誰(だれ)ですか。

学校(がっこう)は どこですか。

지시사 こ・そ・あ・ど 정리

	こ	そ	あ	ど
사물	これ 이것	それ 그것	あれ 저것	どれ 어느 것
장소	ここ 여기	そこ 거기	あそこ 저기	どこ 어디
방향	こちら 이쪽 (＝こっち)	そちら 그쪽 (＝そっち)	あちら 저쪽 (＝あっち)	どちら 어느 쪽 (＝どっち)
사람/사물	この 이	その 그	あの 저	どの 어느

李(イ)さんは どちらの 学生(がくせい)ですか。

こちらは 李(イ)さんです。

② 의문사

何 (なん/なに)	誰 (だれ)	いつ	どこ	どれ	なぜ／ どうして
무엇	누구	언제	어디	어느 것	왜

cf 何(なん)ですか。　　　　　何(なに)が

③ 명사 + が ~이/가

これが 李さんの コップです。

ここが 銀行です。

cf ○ トイレは どこですか。
　　× トイレが どこですか。

④ 명사 + の ~의, ~의 것

私の コップ 〔소유〕

世界大学の 学生 〔소속〕

日本の お酒 〔출처〕

英語の 本 〔내용〕

留学生の 李さん 〔동격〕

A : これは 誰の かばんですか。
B : 私の(かばん)です。

あれ 저것 | 雑誌 잡지 | 学校 학교 | どこ 어디 | 銀行 은행 | トイレ 화장실 | 英語 영어 | 本 책
かばん 가방

구문 연습

■ 보기와 같이 바꿔 봅시다.

1

> 보기: これ／それ／お酒 ➡ A：これは 何ですか。
> B：それは お酒です。

① それ／これ／本 →

② あれ／あれ／雑誌 →

③ これ／それ／時計 →

④ それ／これ／塩 →

2

> 보기: ここ／教室 ➡ ここは 教室です。

① ここ／銀行 →

② そこ／トイレ →

③ あそこ／コンビニ →

④ ここ／郵便局 →

時計 시계 | **塩** 소금 | **教室** 교실 | **コンビニ** 편의점 | **郵便局** 우체국

3

보기 これ／私／本 ➡ これは 私の 本です。
　　　　　　　　　　　この 本は 私のです。

① それ／先生／時計 → _____

② あれ／田中さん／雑誌 → _____

③ それ／私／かばん → _____

④ あれ／金さん／車 → _____

4

보기 学生／世界大学 ➡ A：どちらの 学生ですか。
　　　　　　　　　　　B：世界大学の 学生です。

① お酒／韓国 → _____

② 車／日本 → _____

③ 社員／ミライ自動車 → _____

④ パソコン／ユーメイ電子 → _____

車 자동차 ｜ 社員 사원 ｜ 自動車 자동차 ｜ パソコン 퍼스널 컴퓨터 ｜ 電子 전자

회화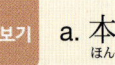

■ 보기와 같이 역할을 바꿔 말해 봅시다.

🎧 TRACK 27

1

| 보기 | a. 本(ほん) | b. それ |

A: それは 誰(だれ)の ᵃ本(ほん)ですか。
B: これは 私(わたし)の ᵃ本(ほん)です。
A: 金(キム)さんの ᵃ本(ほん)は どれですか。
B: ᵇそれが 金(キム)さんの ᵃ本(ほん)です。

① a. 時計(とけい)　　　　　　　b. これ
② a. 雑誌(ざっし)　　　　　　　b. それ
③ a. 車(くるま)　　　　　　　　b. あれ

🎧 TRACK 28

2

| 보기 | a. 田中(たなか)さん　b. 佐藤(さとう)さん　c. あそこ |

A: あの 人(ひと)は 誰(だれ)ですか。
B: ᵃ田中(たなか)さんです。
A: ᵇ佐藤(さとう)さんは どこですか。
B: ᵇ佐藤(さとう)さんは ᶜあそこです。

① a. 李(イ)さん　　　b. 朴(パク)さん　　　c. ここ
② a. 小田(おだ)さん　　b. 木村(きむら)さん　　c. そこ
③ a. スミスさん　　b. ブラウンさん　　c. あそこ

문방구에는 다양한 문구류가 있습니다. 각자 자신이 가지고 있는 문구에는 어떤 것이 있고, 또 누가 어떤 문구를 가지고 있는지 말해 봅시다.

예 これは 鉛筆(えんぴつ)です。
これは ○○さんの ノートです。

05 | 授業は 何時からですか
じゅぎょう　なんじ

수업은 몇 시부터입니까?

会話 1  🎧 TRACK 29

木村　英語の 授業は 何曜日ですか。
きむら　えいご　じゅぎょう　なんようび

李　　水曜日です。
イ　　すいようび

木村　授業は 何時からですか。
きむら　じゅぎょう　なんじ

李　　9時からです。
イ　　くじ

授業 수업 | 何曜日 무슨 요일 | 水曜日 수요일 | 何時 몇 시 | ～から ～부터 | 9時 9시
じゅぎょう　　なんようび　　　すいようび　　　なんじ　　　　　　　　　　　　　　くじ

 ❶ 시간 읽기 ❷ 요일 읽기 ❸ 명사 과거(〜でした/〜ではありませんでした)

会話 2 대학 캠퍼스에서   🎧 TRACK 30

木村（きむら）　昨日（きのう）の　アルバイトは　何時（なんじ）まででしたか。

李（イ）　　　　8時（はちじ）まででした。

木村（きむら）　アルバイトは　毎日（まいにち）ですか。

李（イ）　　　　いいえ、土曜日（どようび）と　日曜日（にちようび）は　休（やす）みです。

昨日（きのう） 어제 ｜ アルバイト 아르바이트 ｜ 〜まで 〜까지 ｜ 〜でした(か) 〜였습니다(까?) ｜ 8時（はちじ） 8시
毎日（まいにち） 매일 ｜ 土曜日（どようび） 토요일 ｜ 〜と 〜와/과(나열) ｜ 日曜日（にちようび） 일요일 ｜ 休（やす）み 휴일

문법알기

❶ 숫자 읽기 1 (1~100)

1	2	3	4	5
いち	に	さん	よん・し	ご
6	7	8	9	10
ろく	なな・しち	はち	きゅう・く	じゅう
11	20	30	40	50
じゅういち	にじゅう	さんじゅう	よんじゅう	ごじゅう
60	70	80	90	100
ろくじゅう	ななじゅう	はちじゅう	きゅうじゅう	ひゃく

❷ 시간 읽기

1 시(時)
じ

1時	2時	3時	4時	5時	6時	7時
いちじ	にじ	さんじ	よじ	ごじ	ろくじ	しちじ
8時	9時	10時	11時	12時	何時	
はちじ	くじ	じゅうじ	じゅういちじ	じゅうにじ	なんじ	

2 분(分)
ふん

1分	いっぷん	9分	きゅうふん
2分	にふん	10分	じゅっぷん
3分	さんぷん	20分	にじゅっぷん
4分	よんぷん	30分／半	さんじゅっぷん／はん
5分	ごふん	40分	よんじゅっぷん
6分	ろっぷん	50分	ごじゅっぷん
7分	ななふん	60分	ろくじゅっぷん
8分	はっぷん	何分	なんぷん

❸ 요일 읽기

月曜日	火曜日	水曜日	木曜日
げつようび	かようび	すいようび	もくようび
월요일	화요일	수요일	목요일
金曜日	土曜日	日曜日	何曜日
きんようび	どようび	にちようび	なんようび
금요일	토요일	일요일	무슨 요일

❹ 때를 나타내는 말 1

一昨日	昨日	今日	明日	明後日
おととい	きのう	きょう	あした	あさって
그저께	어제	오늘	내일	모레

문법 알기

❺ 명사 + から, 명사 + まで ~에서/부터, ~까지

午前　10時から　午後　5時までです。

ソウルから　釜山までです。

❻ 명사 과거

1 명사 + でした ~였습니다

授業は　2時까지でした。

田中さんは　会社員でした。

2 명사 + ではありませんでした ~이/가 아니었습니다

田中さんは　先生では　ありませんでした。

先週の　土曜日は　休みでは　ありませんでした。

cf 田中さんは　先生では　ありませんでした。
　　＝田中さんは　先生じゃ　なかったです。

명사 활용 정리

	현재	과거
긍정형	学生です	学生でした
부정형	学生では ありません (＝学生じゃ ないです)	学生では ありませんでした (＝学生じゃ なかったです)

7 명사 + と ~와/과

休みは 土曜日と 日曜日です。

李さんと 金さんは 韓国人です。

午前 오전 | 午後 오후 | 先週 지난주

구문 연습

■ 보기와 같이 바꿔 봅시다.

1

| 보기 | 今日は 火曜日です。 ➡ 明日は 水曜日です。 |

① 今日は 水曜日です。 → 昨日は _____

② 昨日は 土曜日でした。 → 明日は _____

③ 昨日は 木曜日でした。 → 一昨日は _____

④ 明日は 金曜日です。 → 明後日は _____

2

| 보기 | A : 今 何時 何分ですか。
B : 5時 10分です。 |

① → _____

② → _____

③ → _____

④ → _____

새로나온 단어

今 지금 ｜ 何時何分 몇 시 몇 분

05 授業は 何時からですか

3 　보기　授業／9：00～2：00 ➡ 授業は 9時から 2時までです。

① 学校／月曜日～金曜日 →

② 会議／1：00～3：00 →

③ 仕事／午前8：30～午後4：30 →

④ アルバイト／金曜日～日曜日 →

4 　보기　昨日／休み ➡ A：昨日は 休みでしたか。
　　　　　　　　　　　　　B₁：はい、休みでした。
　　　　　　　　　　　　　B₂：いいえ、休みでは ありませんでした。

① 昨日／テスト →

② 今日／仕事 →

③ 火曜日／会議 →

④ おととい／雨 →

새로나온 단어

テスト 시험 ｜ 仕事 일 ｜ 会議 회의 ｜ 雨 비

회화

■ 보기와 같이 역할을 바꿔 말해 봅시다.

🎧 TRACK 31

1

보기	a. 9時半	b. テスト	c. 10時
	くじはん		じゅうじ

A: すみません。今　何時ですか。
　　　　　　　　いま　なんじ
B: ᵃ9時半です。
　　くじはん
A: ᵇテストは　何時からですか。
　　　　　　　なんじ
B: ᶜ10時からです。
　　じゅうじ

① a. 11時　　b. 授業　　c. 12時
　　じゅういちじ　　じゅぎょう　　じゅうにじ
② a. 1時　　b. アルバイト　　c. 7時
　　いちじ　　　　　　　　　しちじ
③ a. 3時　　b. 会議　　c. 5時
　　さんじ　　　かいぎ　　　ごじ

🎧 TRACK 32

2

보기	a. サークル	b. 土曜日	c. 日曜日
		どようび	にちようび

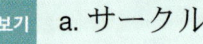

A: 今日　ᵃサークルは　休みですか。
　　きょう　　　　　　　　やす
B: いいえ、休みでは　ありません。
　　　　　　やす
A: 休みは　何曜日ですか。
　　やす　　なんようび
B: ᵇ土曜日と　ᶜ日曜日です。
　　どようび　　にちようび

① a. 仕事　　b. 月曜日　　c. 水曜日
　　しごと　　　げつようび　　すいようび
② a. 会社　　b. 火曜日　　c. 木曜日
　　かいしゃ　　かようび　　　もくようび
③ a. アルバイト　　b. 水曜日　　c. 日曜日
　　　　　　　　　　すいようび　　にちようび

すみません 저기요, 실례합니다, 미안합니다 ｜ **サークル** 동아리 ｜ **会社** 회사
　　　　　　　　　　　　　　　　　　　　　　　　　　　　　　　　　　かいしゃ

다음은 일본 TV 프로그램 편성표입니다. 다음 표를 보고 방영시간과 요일을 말해 봅시다.

テレビ番組表(ばんぐみひょう)

時間(じかん)	月曜日(げつようび)	火曜日(かようび)	水曜日(すいようび)	木曜日(もくようび)	金曜日(きんようび)
10時(じ)		10 ドラマ		00 バラエティ	
11時(じ)	00 ドラマ				10 アニメ
12時(じ)	30	00	40 クイズ番組(ばんぐみ)		
午後1時(ごごいちじ)	15 ニュース			22 ドラマ	30
2時(じ)	30	00 ワイドショー	30		00 Jリーグ中継(ちゅうけい)
3時(じ)		20	00 野球中継(やきゅうちゅうけい)	50	
4時(じ)	05 スポーツニュース	00 旅行番組(りょこうばんぐみ)		45 天気予報(てんきよほう) 55	00
5時(じ)	10	30	00		

59

06 日本語の 勉強は おもしろいです

일본어 공부는 재미있습니다

会話 1 거리에서 🎧 TRACK 33

佐藤　日本語の 勉強は どうですか。

李　　おもしろいです。でも、少し 難しいです。

佐藤　日本語の 先生は どんな 人ですか。

李　　優しくて きれいな 人です。

새로 나온 단어

日本語 일본어 | 勉強 공부 | どう 어떻다 | おもしろい 재미있다 | でも 하지만 | 少し 조금, 약간
難しい 어렵다 | どんな 어떤 | 優しい 상냥하다, 다정하다 | ～くて ～하고, ～해서
きれいだ 예쁘다, 깨끗하다 | ～な ～한

 ❶ 형용사(い형용사, な형용사) ❷ どんな + 명사 ❸ 날짜 읽기

 TRACK 34

田中　ところで、李さんの　誕生日は　いつですか。

李　　4月15日です。

田中　そうですか。私も　4月生まれです。

李　　本当ですか。何日ですか。

田中　20日です。

ところで 그런데 ｜ 誕生日 생일, 생신 ｜ いつ 언제 ｜ 4月 4월 ｜ 15日 15일 ｜ 〜生まれ 〜생
本当 정말, 진짜 ｜ 何日 며칠 ｜ 20日 20일

문법 알기

1 형용사

1 긍정형

日本語は おもしろいです。 `い 형용사`

私の 家は 大きいです。

図書館は 静かです。 `な 형용사`

部屋は きれいです。

2 부정형

日本語は 難しく ありません。

(= 日本語は 難しく ないです。)

図書館は 静かでは ありません。

(= 図書館は 静かじゃ ないです。)

cf 今日は 天気が いいです。

今日は 天気が よく ありません。

3 연결형

日本語は 易しくて おもしろいです。

田中さんは 親切で まじめです。

cf 彼は 頭が よくて ハンサムです。

06 日本語の 勉強は おもしろいです

4　명사 수식형

優しい 人
やさ　　ひと

おもしろい 本
ほん

きれいな 部屋
へや

有名な 人
ゆうめい　ひと

형용사 정리

	い형용사	な형용사
긍정형	おもしろいです	親切です しんせつ
부정형	おもしろく ありません （＝おもしろく ないです）	親切では ありません しんせつ （＝親切じゃ ないです） しんせつ
연결형	おもしろくて	親切で しんせつ
명사 수식형	おもしろい 本 ほん	親切な 人 しんせつ　ひと

家 집 ｜ 大きい 크다 ｜ 図書館 도서관 ｜ 静かだ 조용하다 ｜ 部屋 방 ｜ 天気 날씨 ｜ よい(＝いい) 좋다
いえ　　　おお　　　　　　としょかん　　　　　　しず　　　　　　　　　　　へや　　　　てんき
易しい 쉽다 ｜ 親切だ 친절하다 ｜ まじめだ 성실하다 ｜ 彼 그, 그 사람 ｜ 頭 머리 ｜ ハンサムだ 잘생기다
やさ　　　　しんせつ　　　　　　　　　　　　　　　　　かれ　　　　　　　あたま
有名だ 유명하다
ゆうめい

문법 알기

❷ どんな + 명사 어떤~

日本語の 先生は どんな 人ですか。
ソウルは どんな ところですか。

❸ 날짜 읽기

1 월(月) 읽기

1月	2月	3月	4月	5月	6月	7月
いちがつ	にがつ	さんがつ	しがつ	ごがつ	ろくがつ	しちがつ
8月	9月	10月	11月	12月	何月	
はちがつ	くがつ	じゅうがつ	じゅういちがつ	じゅうにがつ	なんがつ	

2 일(日) 읽기

日	月	火	水	木	金	土
	1日 ついたち	2日 ふつか	3日 みっか	4日 よっか	5日 いつか	6日 むいか
7日 なのか	8日 ようか	9日 ここのか	10日 とおか	11日 じゅういち にち	12日 じゅうに にち	13日 じゅうさん にち
14日 じゅうよっ か	15日 じゅうご にち	16日 じゅうろく にち	17日 じゅうしち にち	18日 じゅうはち にち	19日 じゅうく にち	20日 はつか
21日 にじゅうい ちにち	22日 にじゅうに にち	23日 にじゅうさ んにち	24日 にじゅう よっか	25日 にじゅうご にち	26日 にじゅうろ くにち	27日 にじゅうし ちにち
28日 にじゅうは ちにち	29日 にじゅうく にち	30日 さんじゅう にち	31日 さんじゅう いちにち	何日 なんにち		

❹ 때를 나타내는 말 2

	先週	今週	来週
주	せんしゅう	こんしゅう	らいしゅう
	지난주	이번 주	다음 주
	先月	今月	来月
월	せんげつ	こんげつ	らいげつ
	지난달	이번 달	다음 달

ところ 곳, 장소

구문 연습

■ 보기와 같이 바꿔 봅시다.

1

> **보기**
> 勉強は おもしろいですか ➡ はい、おもしろいです。
> 　　　　　　　　　　　　　　いいえ、おもしろく ありません。
> 部屋は きれいですか ➡ はい、きれいです。
> 　　　　　　　　　　　　いいえ、きれいでは ありません。

① この 料理は おいしいですか　→ _____

② この 辞書は いいですか　→ _____

③ あの 店は 有名ですか　→ _____

④ 教室は 静かですか　→ _____

2

> **보기**
> 先生／優しい／きれいだ ➡ 先生は 優しくて きれいです。
> 金さん／親切だ／明るい ➡ 金さんは 親切で 明るいです。

① この 部屋／暗い／寒い　→ _____

② この お菓子／甘い／おいしい　→ _____

③ 小田さん／ハンサムだ／すてきだ　→ _____

④ おきなわの 海／きれいだ／暖かい　→ _____

새로 나온 단어

料理 요리 ｜ おいしい 맛있다 ｜ 辞書 사전 ｜ 店 가게 ｜ 明るい 밝다. 명랑하다 ｜ 暗い 어둡다 ｜ 寒い 춥다
お菓子 과자 ｜ 甘い 달다 ｜ すてきだ 멋있다 ｜ おきなわ 오키나와(지명) ｜ 海 바다 ｜ 暖かい 따뜻하다

06 日本語の 勉強は おもしろいです

3

보기
先生／人／優しい → A : 先生は どんな 人ですか。
　　　　　　　　　　B : 優しい 人です。

東京／ところ／便利だ → A : 東京は どんな ところですか。
　　　　　　　　　　　B : 便利な ところです。

① 田中さんの 車／車／新しい → _____
② 京都／ところ／きれいだ → _____
③ 李さんの 部屋／部屋／広い → _____
④ 朴さん／人／親切だ → _____

4

보기 [5月 12] → A : 何月 何日ですか。
　　　　　　　　B : 5月 12日です。

① [12月 8] → _____
② [1月 10] → _____
③ [6月 29] → _____
④ [7月 14] → _____

새로나온 단어

便利だ 편리하다 ｜ 新しい 새롭다 ｜ 京都 교토(지명) ｜ 広い 넓다 ｜ 何月何日 몇 월 며칠

い형용사

大きい 크다 ↔ 小さい 작다	高い 비싸다 ↔ 安い 싸다
広い 넓다 ↔ 狭い 좁다	高い 높다 ↔ 低い 낮다
多い 많다 ↔ 少ない 적다	軽い 가볍다 ↔ 重い 무겁다
新しい 새롭다 ↔ 古い 낡다, 오래되다	遅い 늦다 ↔ 早い 이르다, 速い 빠르다
近い 가깝다 ↔ 遠い 멀다	長い 길다 ↔ 短い 짧다
よい(いい) 좋다 ↔ 悪い 나쁘다	暑い 덥다 ↔ 寒い 춥다
涼しい 시원하다 ↔ 暖かい 따뜻하다	強い 강하다 ↔ 弱い 약하다
細い 가늘다 ↔ 太い 굵다	難しい 어렵다 ↔ 易しい 쉽다
薄い 얇다 ↔ 厚い 두껍다	おいしい 맛있다 ↔ まずい 맛없다
熱い 뜨겁다 ↔ 冷たい 차갑다	明るい 밝다 ↔ 暗い 어둡다
青い 파랗다 ↔ 赤い 붉다, 빨갛다	白い 하얗다 ↔ 黒い 검다
おもしろい 재미있다 ↔ つまらない 재미없다	辛い 맵다
甘い 달다	かわいい 귀엽다
若い 젊다	楽しい 즐겁다
危ない 위험하다	忙しい 바쁘다
汚い 더럽다	優しい 상냥하다, 다정하다
痛い 아프다	うれしい 기쁘다
すごい 대단하다	すばらしい 훌륭하다

な형용사

上手だ (じょうず) 잘하다, 능숙하다 ↔ 下手だ (へた) 서툴다, 못하다	簡単だ (かんたん) 간단하다 ↔ 複雑だ (ふくざつ) 복잡하다
好きだ (す) 좋아하다 ↔ 嫌いだ (きら) 싫어하다	便利だ (べんり) 편리하다 ↔ 不便だ (ふべん) 불편하다
にぎやかだ 번화하다, 떠들썩하다	静かだ (しず) 조용하다
親切だ (しんせつ) 친절하다	ハンサムだ 잘생기다
大好きだ (だいす) 매우 좋아하다	元気だ (げんき) 건강하다
きれいだ 예쁘다, 깨끗하다	暇だ (ひま) 한가하다
有名だ (ゆうめい) 유명하다	心配だ (しんぱい) 걱정스럽다
大丈夫だ (だいじょうぶ) 괜찮다	大切だ (たいせつ) 중요하다
まじめだ 성실하다	大変だ (たいへん) 큰일이다, 힘들다
すてきだ 근사하다	

회화 연습

■ 보기와 같이 역할을 바꿔 말해 봅시다.

🎧 TRACK 35

1

보기	a. 日本語の 勉強　　b. 難しい　　c. おもしろい

A: ª日本語の 勉強は どうですか。
B: 少し ᵇ難しいです。
A: そうですか。
B: でも、とても ᶜおもしろいです。

① a. 北海道　　　　　b. 寒い　　　　c. きれいだ
② a. 韓国の キムチ　b. 辛い　　　　c. おいしい
③ a. 新しい 部屋　　b. 狭い　　　　c. 静かだ

🎧 TRACK 36

2

보기	a. 3月 3日　b. 5月 5日　c. 来週

A: 誕生日は いつですか。
B: ª3月 3日です。Aさんは いつですか。
A: ᵇ5月 5日です。
B: そうですか。ᶜ来週ですか。

① a. 11月 1日　　　b. 8月 2日　　　c. 来月
② a. 10月 15日　　b. 7月 30日　　c. あさって
③ a. 1月 10日　　　b. 4月 6日　　　c. もうすぐ

새로나온 단어

とても 매우, 대단히 ｜ 北海道 홋카이도(지명) ｜ キムチ 김치 ｜ 辛い 맵다 ｜ 狭い 좁다 ｜ もうすぐ 이제 곧

우리 신체에는 많은 기관들이 있습니다. 신체의 각 기관을 일본어로는 어떻게 말할까요?
또 친구의 신체적 특징에 대해 말해 봅시다. (p.68~69의 형용사 부록을 참고하세요.)

예 　目が　きれいです。
　　　足が　長いです。

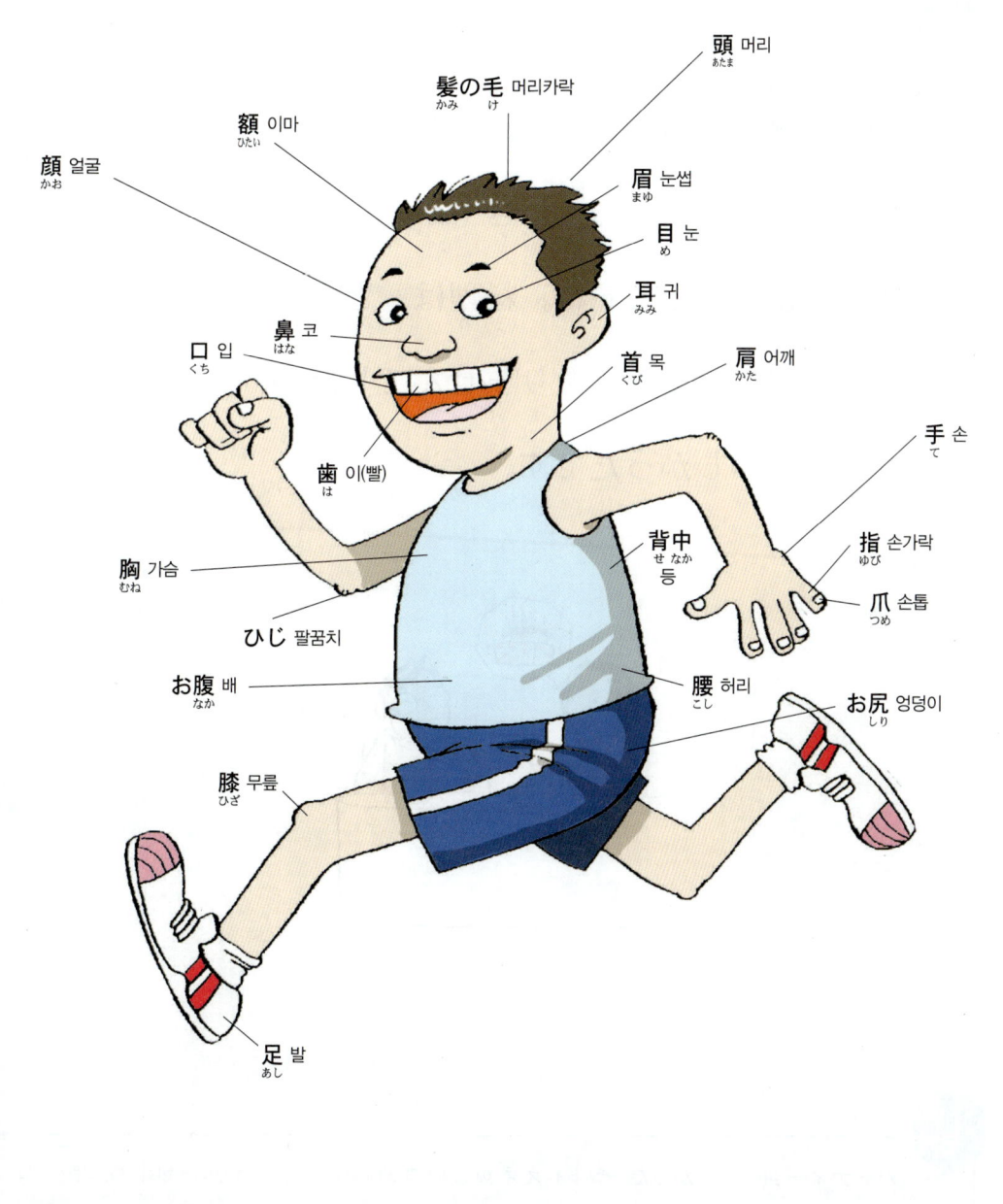

07　コーヒーと　お茶と　どちらが　好きですか

커피와 차 중에서 어느 쪽을 좋아합니까?

会話 1  TRACK 37

田中　誕生日パーティーは　楽しかったですか。

李　　ええ。とても　にぎやかでした。

田中　よかったですね。料理は　どうでしたか。

李　　量は　多く　ありませんでしたが、

　　　おいしかったです。

새로나온 단어

パーティー 파티 ｜ 〜かった 〜했다 ｜ ええ 예(상대방의 말에 긍정) ｜ にぎやかだ 번화하다, 떠들썩하다
〜ね 〜이지요, 〜군요 ｜ 量 양 ｜ 多い 많다 ｜ 〜くありませんでした 〜하지 않았습니다
〜が 〜이지만, 〜인데

❶ 형용사의 과거　❷ 문장 + ね　❸ 비교문

会話 2　카페에서　TRACK 38

李　田中さんは　コーヒーと　お茶と　どちらが
　　好きですか。

田中　コーヒーより　お茶の　方が　好きです。

李　お茶の　中で　何が　一番　好きですか。

田中　紅茶が　一番　好きです。
　　香りが　いいですから。

새로 나온 단어

コーヒー 커피 ｜ お茶 차 ｜ 好きだ 좋아하다 ｜ 〜より 〜보다 ｜ 〜方 〜쪽 ｜ 〜中で 〜중에서
一番 가장, 제일 ｜ 紅茶 홍차 ｜ 香り 향기 ｜ 〜から 〜(이)어서, 〜때문에

문법알기

❶ 형용사의 과거

1 과거 긍정형

料理は　おいしかったです。

昨日は　忙しかったです。

パーティーは　とても　にぎやかでした。

テストは　簡単でした。

cf 昨日は　天気が　よかったです。

2 과거 부정형

パーティーは　楽しく　ありませんでした。
（＝パーティーは　楽しく　なかったです。）

教室は　広く　ありませんでした。
（＝教室は　広く　なかったです。）

日曜日は　暇では　ありませんでした。
（＝日曜日は　暇じゃ　なかったです。）

部屋は　きれいでは　ありませんでした。
（＝部屋は　きれいじゃ　なかったです。）

cf 昨日は　天気が　よく　ありませんでした。
（＝昨日は　天気が　よく　なかったです。）

07 コーヒーと お茶と どちらが 好きですか

형용사 정리

종류		현재	과거
い형용사	긍정형	おもしろいです	おもしろかったです
	부정형	おもしろく ありません (＝おもしろく ないです)	おもしろく ありませんでした (＝おもしろく なかったです)
な형용사	긍정형	親切です _{しんせつ}	親切でした _{しんせつ}
	부정형	親切では ありません _{しんせつ} (＝親切じゃ ないです) _{しんせつ}	親切では ありませんでした _{しんせつ} (＝親切じゃ なかったです) _{しんせつ}

❷ 문장 ＋ ね ～이지요, ～군요

A : 今日は 暑いですね。 동의
　　きょう　　あつ

B : そうですね。

A : 会議は 10時からですね。 확인
　　かいぎ　　じゅうじ

B : はい、そうです。

새로나온 단어

忙しい 바쁘다 ｜ 簡単だ 간단하다 ｜ 暇だ 한가하다 ｜ 暑い 덥다
いそが　　　　　　かんたん　　　　　　　ひま　　　　　　　　あつ

문법알기

❸ 비교문

1 2가지 비교

A : コーヒーと　お茶と　どちらが　好きですか。

B : （コーヒーより）　お茶の　方が　好きです。

A : りんごと　ぶどうと　どちらが　おいしいですか。

B : （ぶどうより）　りんごの　方が　おいしいです。

2 3가지 이상 비교

A : 飲み物の　中で　何が　一番　好きですか。

B : 紅茶が　一番　好きです。

A : 家族の　中で　誰が　一番　背が　高いですか。

B : 兄が　一番　背が　高いです。

A : 韓国の　中で　どこが　一番　にぎやかですか。

B : ソウルが　一番　にぎやかです。

❹ 문장 + が　～이지만, ～인데

量は　多く　ありませんでしたが、おいしかったです。

韓国の　食べ物は　おいしいですが、辛いです。

この　服は　かわいいですが、高いです。

07 コーヒーと お茶と どちらが 好きですか

❺ 명사＋が好きだ / 명사＋が嫌いだ ~을 좋아하다 / ~을 싫어하다
　 명사＋が上手だ / 명사＋が下手だ ~을 잘하다 / ~을 못하다

私は　韓国が　好きです。

李さんは　英語が　嫌いです。

彼は　日本語が　上手です。

田中さんは　料理が　下手です。

❻ 문장＋から ~니까, ~해서

紅茶が　一番　好きです。香りが　いいですから。

カラオケは　あまり　好きでは　ありません。歌が　下手ですから。

りんご 사과 ｜ ぶどう 포도 ｜ 飲み物 음료수, 마실 것 ｜ 家族 가족 ｜ 背が高い 키가 크다 ｜ 兄 형, 오빠
食べ物 먹을 것, 음식 ｜ 服 옷 ｜ かわいい 귀엽다 ｜ 高い 높다, 비싸다 ｜ 嫌いだ 싫어하다
上手だ 잘하다, 능숙하다 ｜ 下手だ 서투르다, 못하다 ｜ カラオケ 노래방 ｜ あまり 별로, 그다지 ｜ 歌 노래

구문 연습

■ 보기와 같이 바꿔 봅시다.

1

| 보기 | 私／お茶／好きだ ➡ 私は お茶が 好きです。 |

① 金さん／日本語／上手だ → _____

② 私／野球／下手だ → _____

③ 小田さん／お酒／大好きだ → _____

④ 木村さん／猫／嫌いだ → _____

2

| 보기 | おいしい ➡ おいしかったです。
　　　　　　おいしく ありませんでした。
きれいだ ➡ きれいでした。
　　　　　　きれいでは ありませんでした。 |

① 早い → _____

② いい → _____

③ 元気だ → _____

④ 暇だ → _____

새로나온 단어

野球 야구 ｜ 大好きだ 매우 좋아하다 ｜ 猫 고양이 ｜ 早い 이르다, 빠르다 ｜ 元気だ 건강하다, 잘 지내다

3 보기 動物／好きだ／犬 ➡ A：動物の 中で 何が 一番 好きですか。
B：犬が 一番 好きです。

① 果物／好きだ／りんご →

② スポーツ／おもしろい／サッカー →

③ 外国語／難しい／英語 →

④ 会社／歌が 上手だ／田中さん →

4 보기 韓国料理／辛い／おいしい
➡ 韓国料理は 辛いですが、おいしいです。

① 日本語の 勉強／難しい／おもしろい

→

② 仕事／忙しい／楽しい

→

③ この 部屋／きれいだ／狭い

→

④ あの 店／おいしい／少し 高い

→

動物 동물 ｜ 犬 개 ｜ 果物 과일 ｜ スポーツ 스포츠 ｜ サッカー 축구 ｜ 外国語 외국어
韓国料理 한국요리

회화 연습

■ 보기와 같이 역할을 바꿔 말해 봅시다.

🎧 TRACK 39

1

| 보기 | a. コーヒー | b. 紅茶(こうちゃ) |

A : ªコーヒーと ᵇ紅茶(こうちゃ)と どちらが 好(す)きですか。

B : 私(わたし)は ªコーヒーより ᵇ紅茶(こうちゃ)の 方(ほう)が 好(す)きです。

① a. りんご　　　　　　　b. みかん
② a. サッカー　　　　　　b. 野球(やきゅう)
③ a. 犬(いぬ)　　　　　　b. 猫(ねこ)

🎧 TRACK 40

2

| 보기 | a. 料理(りょうり) | b. おいしい | c. 高(たか)い |

A : ª料理(りょうり)は どうでしたか。
B : とても ᵇおいしかったです。
A : そうですか。ᶜ高(たか)かったですか。
B : いいえ、あまり ᶜ高(たか)く ありませんでした。

① a. 北海道(ほっかいどう)　　b. 楽(たの)しい　　c. 寒(さむ)い
② a. 李(イ)さんの うち　　b. きれいだ　　　c. 広(ひろ)い
③ a. パーティー　　　　　b. いい　　　　　c. にぎやかだ

みかん 귤 | うち 집

둘러보기

음료를 일본어로 飲(の)み物(もの)라고 합니다. 음료에는 물, 청량음료, 커피, 차, 맥주, 와인 등 다양한 종류가 있습니다. 자신이 좋아하거나 싫어하는 음료에 대해 말해 봅시다.

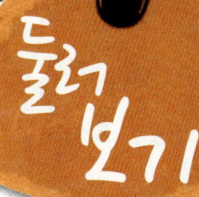

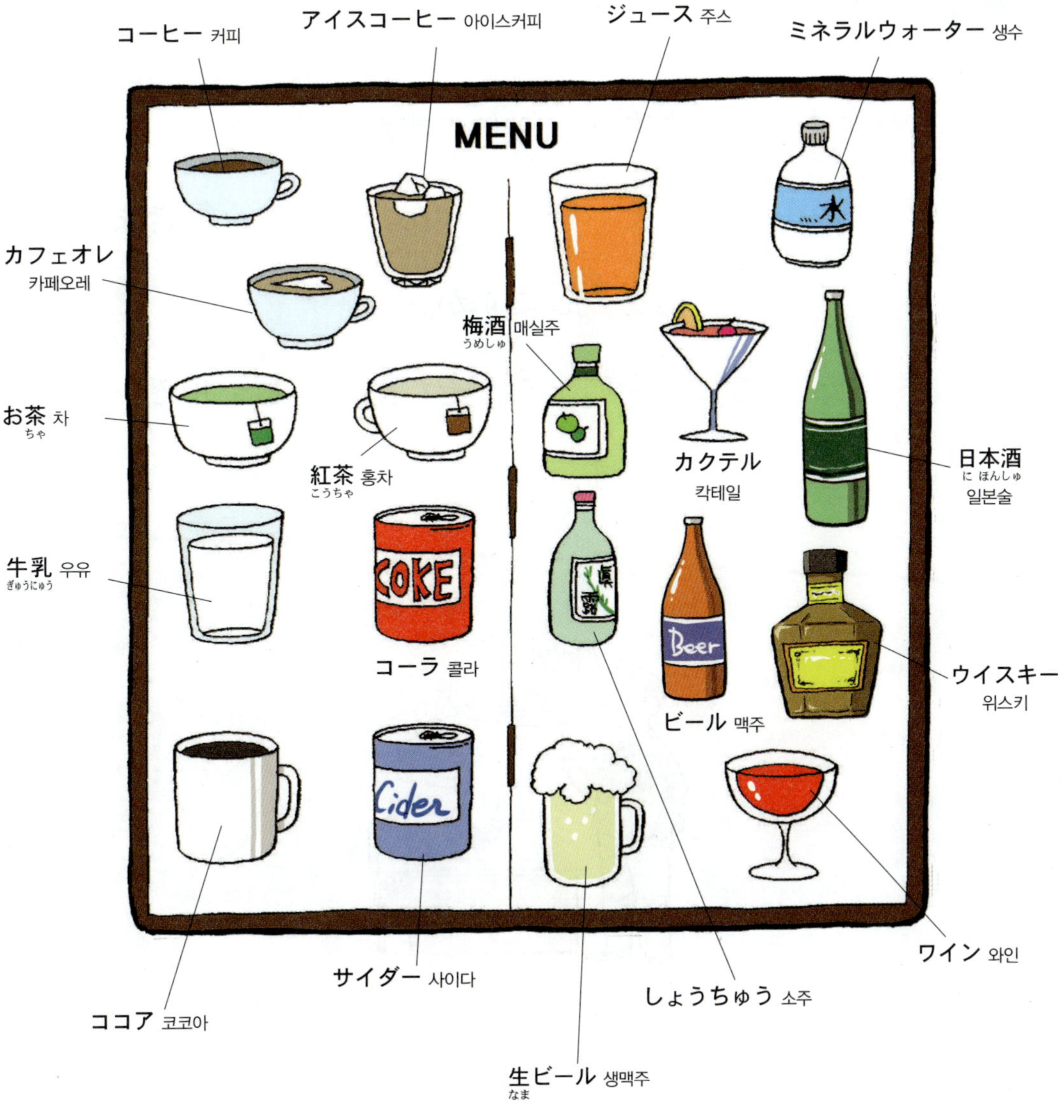

コーヒー 커피
アイスコーヒー 아이스커피
ジュース 주스
ミネラルウォーター 생수
MENU
水
カフェオレ 카페오레
梅酒(うめしゅ) 매실주
お茶(ちゃ) 차
紅茶(こうちゃ) 홍차
カクテル 칵테일
日本酒(にほんしゅ) 일본술
牛乳(ぎゅうにゅう) 우유
COKE
Beer
コーラ 콜라
ウイスキー 위스키
ビール 맥주
Cider
ワイン 와인
サイダー 사이다
しょうちゅう 소주
ココア 코코아
生(なま)ビール 생맥주

08 | ホテルで 食事を します
しょくじ

호텔에서 식사를 합니다

会話 1  TRACK 41

小田 李さん、うちへ 帰りますか。

李　　いいえ、まだ 帰りません。新宿に 行きます。

小田 新宿で 何を しますか。

李　　友だちに 会います。それから、ホテルで 食事を します。

새로 나온 단어

~へ ~에, ~으로 | 帰る 돌아가(오)다 | ~ます(か) ~입니다(까?) | まだ 아직 | ~ません ~지 않습니다
新宿 신주쿠(지명) | ~に ~에 | 行く 가다 | ~で ~에서 | ~を ~을/를 | する 하다 | 友だち 친구
会う 만나다 | それから 그러고 나서, 그리고 | ホテル 호텔 | 食事 식사

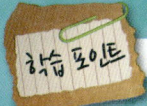 ❶ 동사의 분류 ❷ 동사의 ます형 ❸ 조사 を, へ, に, で

会話 2 택시 안에서 TRACK 42

李(イ)　国際(こくさい)ホテルまで　お願(ねが)いします。

運転手(うんてんしゅ)　はい。わかりました。

李(イ)　ホテルまで　どのぐらい　かかりますか。

運転手(うんてんしゅ)　平日(へいじつ)は　道(みち)が　混(こ)みませんから、10分(じゅっぷん)ぐらいです。

李(イ)　いくらですか。

運転手(うんてんしゅ)　2,000円(にせんえん)です。

새로 나온 단어

国際(こくさい) 국제 | 運転手(うんてんしゅ) 운전 기사 | わかりました 알겠습니다 | どの 어느 | く(ぐ)らい 정도
かかる 걸리다 | 平日(へいじつ) 평일 | 道(みち) 길 | 混(こ)む 막히다, 붐비다 | いくら 얼마 | 2,000円(にせんえん) 2,000엔

문법 알기

❶ 동사의 분류

1 1그룹동사(5단동사)

買う(사다)　　書く(쓰다)　　待つ(기다리다)
あそ
遊ぶ(놀다)　　飲む(마시다)　　売る(팔다)

2 2그룹동사(1단동사)

見る(보다)　　着る(입다)　　起きる(일어나다)
食べる(먹다)　　出る(나가다)　　教える(가르치다)

3 3그룹동사(불규칙동사)

来る(오다)　　する(하다)

> **cf**　切る(자르다)　　走る(달리다)　　帰る(돌아가(오)다)
> 　　　入る(들어가(오)다)　　知る(알다)

❷ 동사의 ます형

1 1그룹동사(5단동사)

靴を 買います。 ⇔ 靴を 買いません。
お酒を 飲みます。 ⇔ お酒を 飲みません。

2 2그룹동사(1단동사)

映画を 見ます。 ⇔ 映画を 見ません。
ご飯を 食べます。 ⇔ ご飯を 食べません。

08 ホテルで 食事を します

3 3그룹동사(불규칙동사)

明日 来ます。 ⇔ 明日 来ません。
あした き   あした き

勉強を します。 ⇔ 勉強を しません。
べんきょう   べんきょう

동사 정리

	1그룹동사	2그룹동사	3그룹동사
긍정형	行きます	見ます	来ます／します
	い	み	き
부정형	行きません	見ません	来ません／しません
	い	み	き

③ 조사 を, へ, に, で

1 명사 + を ~을/를

テレビを 見ます。
       み

道を 歩きます。
みち ある

うちを 出ます。
      で

2 명사 + へ ~에, ~으로

うちへ 帰ります。
      かえ

明日 大阪へ 行きます。
あした おおさか い

새로나온 단어

靴 신발, 구두 | 映画 영화 | ご飯 밥 | テレビ 텔레비전 | 歩く 걷다
くつ   えいが   はん   ある

문법알기

3 명사 + に ~에, ~을/를

部屋に 入ります。
へや　　はい

友だちに 会います。
とも　　　あ

バスに 乗ります。
　　　　の

4 명사 + で ~에서

ホテルで 食事を します。
　　　　 しょくじ

台所で 料理を します。
だいどころ　りょうり

❹ 명사 + く(ぐ)らい ~정도, ~쯤

ホテルまで 10分ぐらい かかります。
　　　　　 じゅっぷん

空港まで 1時間くらいです。
くうこう　いちじかん

地下鉄の 駅まで どのぐらい かかりますか。
ちかてつ　えき

08 ホテルで 食事を します

❺ 숫자 읽기 2(100~90000)

100	ひゃく	1000	せん	10000	いちまん
200	にひゃく	2000	にせん	20000	にまん
300	さんびゃく	3000	さんぜん	30000	さんまん
400	よんひゃく	4000	よんせん	40000	よんまん
500	ごひゃく	5000	ごせん	50000	ごまん
600	ろっぴゃく	6000	ろくせん	60000	ろくまん
700	ななひゃく	7000	ななせん	70000	ななまん
800	はっぴゃく	8000	はっせん	80000	はちまん
900	きゅうひゃく	9000	きゅうせん	90000	きゅうまん

❻ 가격 묻기

1円	10円	50円	100円	500円
いちえん	じゅうえん	ごじゅうえん	ひゃくえん	ごひゃくえん
1,000円	5,000円	10,000円	100,000円	1,000,000円
せんえん	ごせんえん	いちまんえん	じゅうまんえん	ひゃくまんえん

A : いくらですか。

B : 15,000円です。
　　いちまんごせん　えん

バス 버스 ｜ 乗る 타다 ｜ 台所 부엌 ｜ 空港 공항 ｜ 1時間 1시간 ｜ 地下鉄 지하철 ｜ 駅 역
　　　　　　の　　　　　　だいどころ　　　　くうこう　　　いちじかん　　　　ちかてつ　　　　えき

구문 연습

■ 보기와 같이 바꿔 봅시다.

1 보기
日本語／勉強する ➡ 日本語を 勉強します。
学校／来る ➡ 学校へ 来ます。

① 京都／行く →
② テレビ／見る →
③ 東京／帰る →
④ 音楽／聞く →

2 보기
コーヒーを 飲む ➡ A：コーヒーを 飲みますか。
B₁：はい、飲みます。
B₂：いいえ、飲みません。

① うちへ 帰る →
② お手洗いへ 行く →
③ ご飯を 食べる →
④ 英語を 勉強する →

새로 나온 단어

音楽 음악 ｜ 聞く 듣다, 묻다 ｜ お手洗い 화장실

3

보기 勉強する／図書館 ➡ A：どこで 勉強しますか。
　　　　　　　　　　　　B：図書館で 勉強します。

① 朴さんに 会う／駅　→ _____

② 食事を する／レストラン → _____

③ 雑誌を 買う／本屋　→ _____

④ DVDを 見る／図書館　→ _____

4

보기 ¥500 ➡ A：いくらですか。
　　　　　　　B：ごひゃくえんです。

① ¥120　→ _____

② ¥4,300　→ _____

③ ¥8,950　→ _____

④ ¥14,200　→ _____

새로 나온 단어

レストラン 레스토랑 ｜ 本屋 서점, 책방

회화 연습

■ 보기와 같이 역할을 바꿔 말해 봅시다.

1

TRACK 43

| 보기 | a. 本屋へ　行く | b. 図書館で　勉強する |

A：Bさん、どこへ　行きますか。
B：ᵃ本屋へ　行きます。
　　Aさんは　何を　しますか。
A：ᵇ図書館で　勉強します。

① a. 駅へ　行く　　　　　　　b. 友だちに　会う
② a. うちへ　帰る　　　　　　b. 友だちと　食事する
③ a. 学校へ　行く　　　　　　b. 新宿で　映画を　見る

2

TRACK 44

| 보기 | a. 名古屋 | b. 5,000 | c. 6時間 |

A：すみません。ᵃ名古屋まで　いくらですか。
B：ᵇ5,000円です。
A：何時間ぐらい　かかりますか。
B：ᶜ6時間ぐらいです。

① a. 東京　　　　b. 1,600　　　　c. 1時間　40分
② a. 富士山　　　b. 2,700　　　　c. 2時間　20分
③ a. 神戸　　　　b. 8,800　　　　c. 9時間半

새로 나온 단어

名古屋 나고야(지명) | 何時間 몇 시간 | 富士山 후지산 | 神戸 고베(지명)

과일 가게에 여러 가지 과일들이 진열되어 있습니다. 과일의 종류와 가격을 말해 봅시다. 또, 어떤 과일을 좋아하는지에 대해서도 이야기해 봅시다.

돌려보기

09 デパートは どこに ありますか

백화점은 어디에 있습니까?

会話 1 백화점 앞에서 TRACK 45

田中（たなか）　もしもし、李（イ）さん どこに いますか。

李（イ）　渋谷駅（しぶやえき）の 近（ちか）くに います。

　　　田中（たなか）さんは どこですか。

田中（たなか）　デパートの 前（まえ）に います。

李（イ）　わかりました。すぐ 行（い）きます。

새로 나온 단어

もしもし 여보세요 ｜ いる 있다 ｜ 渋谷（しぶや） 시부야(지명) ｜ 近（ちか）く 가까운 곳, 근처 ｜ デパート 백화점 ｜ 前（まえ） 앞
すぐ 곧, 바로

학습포인트 ❶ 존재문 ❷ 위치를 나타내는 말 ❸ 형용사 + の

会話 2  🎧 TRACK 46

李(イ)　すみません、デパートは　どこに　ありますか。

通行人(つうこうにん)　デパートですか。

　　　ええと、あの　建物(たてもの)の　後(うし)ろに　あります。

李(イ)　あの　白(しろ)い　建物(たてもの)ですか。

通行人(つうこうにん)　いいえ、白(しろ)い　のでは　なくて、その　右(みぎ)の

　　　建物(たてもの)です。

李(イ)　ああ、あれですね。

 새로나온 단어

ある 있다 ｜ 通行人(つうこうにん) 통행인 ｜ 建物(たてもの) 건물 ｜ 後(うし)ろ 뒤 ｜ 白(しろ)い 하얗다 ｜ ～ではなくて ～이 아니고 ｜ 右(みぎ) 오른쪽
ああ 아(긍정, 승낙할 때)

문법 알기

❶ ある／いる 있다

新聞が あります。　　新聞が ありません。
しんぶん　　　　　　しんぶん

猫が います。　　猫が いません。
ねこ　　　　　　ねこ

❷ 존재문

あそこに 銀行が あります。
　　　　　ぎんこう

銀行は あそこに あります。
ぎんこう

教室に 学生が います。
きょうしつ　がくせい

学生は 教室に います。
がくせい　きょうしつ

❸ 위치를 나타내는 말

机の 上に 本が あります。
つくえ　うえ　ほん

部屋の 中に 猫が います。
へや　　なか　ねこ

渋谷デパートの 前に 田中さんが います。
しぶや　　　　　まえ　たなか

あの 建物の となりに あります。
　　　たてもの

上(위)	下(밑, 아래)	中(안)	外(밖)	右(오른쪽)	左(왼쪽)
うえ	した	なか	そと	みぎ	ひだり
横(옆)	となり(옆)	前(앞)	後ろ(뒤)	間(사이)	
よこ		まえ	うし	あいだ	

09 デパートは どこに ありますか

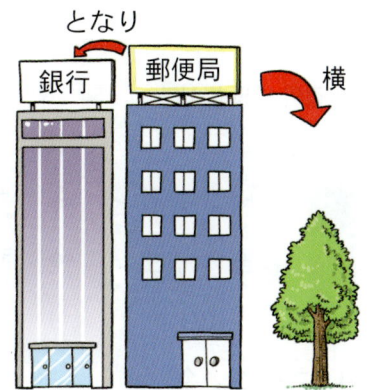

金さんの となりに 木村さんが います。
金さんの 横に 田中さんが います。
郵便局の となりに 銀行が あります。
郵便局の 横に 木が あります。

④ 형용사 + の　~것

黒いのは いくらですか。

色が きれいなのが いいです。

⑤ 명사 + ではなくて　~이/가 아니고

これは 本では なくて、辞書です。

大きい のでは なくて、小さい のです。

新聞 신문 | 机 책상 | 上 위 | 中 안, 속 | となり 옆 | 黒い 검다 | 色 색, 색깔 | 小さい 작다

구문 연습

■ 보기와 같이 바꿔 봅시다.

1 보기
部屋(へや)／テレビ　➡　部屋(へや)に　テレビが　あります。
教室(きょうしつ)／学生(がくせい)　➡　教室(きょうしつ)に　学生(がくせい)が　います。

① あそこ／金(キム)さん　→ _____

② 部屋(へや)／朴(パク)さん　→ _____

③ 冷蔵庫(れいぞうこ)／ジュース　→ _____

④ 公園(こうえん)／ベンチ　→ _____

2 보기
机(つくえ)／上(うえ)／本(ほん)　➡　机(つくえ)の　上(うえ)に　本(ほん)が　あります。
椅子(いす)／下(した)／猫(ねこ)　➡　椅子(いす)の　下(した)に　猫(ねこ)が　います。

① 金(キム)さん／右(みぎ)／朴(パク)さん　→ _____

② 本屋(ほんや)／となり／花屋(はなや)　→ _____

③ 田中(たなか)さん／後(うし)ろ／佐藤(さとう)さん　→ _____

④ ポケット／中(なか)／携帯電話(けいたいでんわ)　→ _____

冷蔵庫(れいぞうこ) 냉장고 | ジュース 주스 | 公園(こうえん) 공원 | ベンチ 벤치 | 椅子(いす) 의자 | 花屋(はなや) 꽃집
ポケット 주머니 | 携帯電話(けいたいでんわ) 휴대 전화

09 デパートは どこに ありますか

3

보기
ケーキ／箱／中 ➡ ケーキは 箱の 中に あります。
李さん／部屋／中 ➡ 李さんは 部屋の 中に います。

① 病院／郵便局／となり →
② 子供／部屋／外 →
③ お弁当／かばん／中 →
④ 佐藤さん／エレベーター／前 →

4

보기
カメラ／安い ➡ A：どんな カメラが いいですか。
　　　　　　　　B：安い のが いいです。
色／きれいだ ➡ A：どんな 色が いいですか。
　　　　　　　　B：きれいな のが いいです。

① 車／小さい →
② 花／赤い →
③ 歌／静かだ →
④ 携帯電話／簡単だ →

ケーキ 케이크 ｜ 箱 상자 ｜ 病院 병원 ｜ 子供 아이 ｜ お弁当 도시락 ｜ エレベーター 엘리베이터
カメラ 카메라 ｜ 安い 싸다 ｜ 花 꽃 ｜ 赤い 붉다

회화 연습

■ 보기와 같이 역할을 바꿔 말해 봅시다.

TRACK 47

1

보기 a. 机の 上   b. 本   c. パソコン   d. テレビの 横

A : ᵃ机の 上に 何が ありますか。
B : ᵇ本が あります。
A : ᶜパソコンは どこに ありますか。
B : ᵈテレビの 横に あります。

① a. かばんの 中   b. 財布   c. 携帯電話   d. 椅子の 上
② a. テーブルの 上   b. みかん   c. りんご   d. 冷蔵庫の 中
③ a. 学校の 前   b. 本屋   c. 花屋   d. 郵便局と 銀行の 間

TRACK 48

2

보기 a. 花   b. 赤い   c. 左   d. 黄色い

A : いらっしゃいませ。
B : すみません。その ᵃ花を ください。
A : この ᵇ赤い ᵃ花ですか。
B : いいえ、ᵇ赤い のでは なくて、
　　その ᶜ左の ᵈ黄色い ᵃ花です。

① a. 服   b. 白い   c. 上   d. 黒い
② a. かばん   b. 大きい   c. 右   d. 小さい
③ a. 帽子   b. 青い   c. 下   d. 茶色い

새로 나온 단어

財布 지갑 | テーブル 테이블 | 黄色い 노랗다 | いらっしゃいませ 어서 오세요 | ください 주세요
帽子 모자 | 青い 파랗다 | 茶色い 갈색이다

여기는 친구의 방입니다. 여러 가지 물건들이 가득 있습니다. 각 물건의 이름과 위치 관계에 대하여 말해 봅시다.

예) 携帯電話は 机の 上に あります。

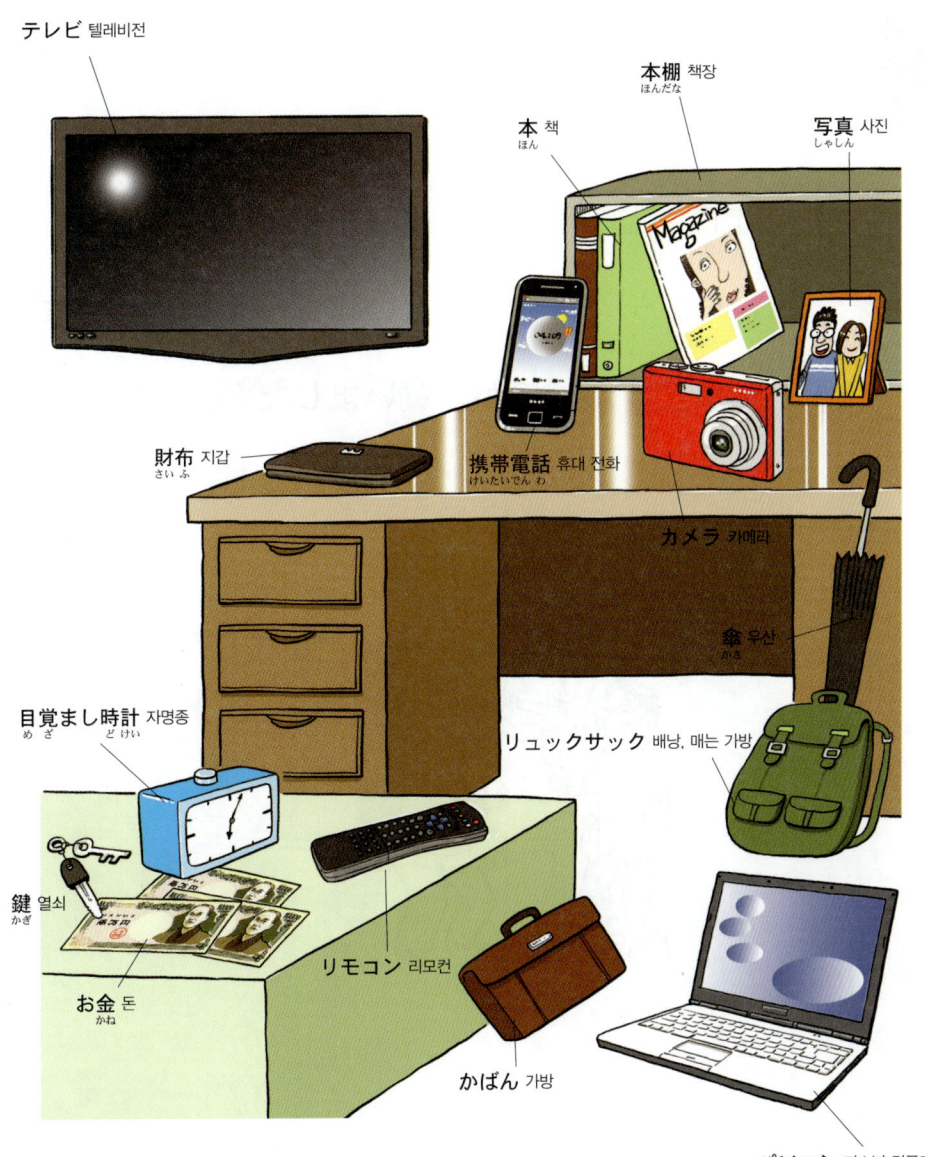

10 シャツを 2枚 買いました
にまい か

셔츠를 2장 샀습니다

会話 1  TRACK 49

小田　昨日　どこか　行きましたか。

李　　はい。デパートへ　買い物を　しに　行きました。

小田　そうですか。何か　買いましたか。

李　　ええ。シャツを　2枚　買いました。

どこか 어딘가 | ～ました(か) ~했습니다(까?) | 買い物 물건 사기, 쇼핑 | ～に ~(하)러(목적) | 何か 무언가
シャツ 셔츠 | 2枚 2장

 ❶ 동사의 과거(〜ました) ❷ 조사 に(목적) ❸ 조수사

会話 2 대학 캠퍼스에서   TRACK 50

李　　小田さんは　昨日　何を　しましたか。

小田　友だちと　お酒を　飲みました。

李　　たくさん　飲みましたか。

小田　いいえ、二人で　1本しか　飲みませんでした。

 〜と 〜와/과(동반) | たくさん 많이 | 二人 두 명, 두 사람 | 〜で 〜에, 〜해서(수량적 범위) | 1本 한 병
〜しか 〜밖에 | 〜ませんでした 〜하지 않았습니다

문법알기

❶ 동사 ます형 + ました ~했습니다

1 1그룹동사(5단동사)

靴を　買いました。
くつ　　か

授業が　ありませんでした。
じゅぎょう

2 2그룹동사(1단동사)

映画を　見ました。
えいが　み

ご飯を　食べませんでした。
はん　　た

3 3그룹동사(불규칙동사)

昨日　来ました。
きのう　き

勉強を　しませんでした。
べんきょう

동사 활용 정리

	1그룹동사	2그룹동사	3그룹동사
비과거 긍정형	行きます	見ます	来ます／します
비과거 부정형	行きません	見ません	来ません／しません
과거 긍정형	行きました	見ました	来ました／しました
과거 부정형	行きませんでした	見ませんでした	来ませんでした／しませんでした

② 의문사 + か / も

A : 誰か 来ましたか。
B : 誰も 来ませんでした。
A : 昨日は どこか 行きましたか。
B : 昨日は どこも 行きませんでした。

의문사 정리

의문사	どこ 어디	どれ 어느 것	だれ 누구	なに 무엇
의문사 + か	どこか 어딘가	どれか 어느 것인가	だれか 누군가	なにか 무언가
의문사 + も	どこ(へ／に)も 어디에도	どれも 어느 것도	だれも 아무도	なにも 아무것도

③ 명사／동사 ます형 + に ~(하)러

スーパーへ 買い物に 行きます。

映画を 見に 行きます。

公園へ 散歩しに 行きます。

새로나온 단어

誰か 누군가 | スーパー 슈퍼마켓 | 散歩する 산책하다

문법알기

❹ 조수사

	고유수사(~개)	~人 (~명) にん	~枚 (~장) まい	~本 (~자루, ~병) ほん
1	ひとつ	ひとり	いちまい	いっぽん
2	ふたつ	ふたり	にまい	にほん
3	みっつ	さんにん	さんまい	さんぼん
4	よっつ	よにん	よんまい	よんほん
5	いつつ	ごにん	ごまい	ごほん
6	むっつ	ろくにん	ろくまい	ろっぽん
7	ななつ	しちにん(ななにん)	ななまい	ななほん
8	やっつ	はちにん	はちまい	はっぽん
9	ここのつ	きゅうにん	きゅうまい	きゅうほん
10	とお	じゅうにん	じゅうまい	じゅっぽん
몇	いくつ	なんにん	なんまい	なんぼん

❺ 명사 + と ~와/과

友だちと お酒を 飲みました。
とも さけ の

先生と 話しました。
せんせい はな

金さんは 朴さんと 結婚します。
キム パク けっこん

❻ 명사 ＋ で ～에, ～해서

二つで いくらですか。
ふた

全部で 2,000円です。
ぜんぶ　　にせん　えん

三人で どのくらい 飲みましたか。
さんにん　　　　　　　　の

❼ 명사 ＋ しか ～밖에

二人で 1本しか 飲みませんでした。
ふたり　いっぽん　　の

お金が 1,000円しか ありません。
かね　　せんえん

デパートで シャツを 1枚しか 買いませんでした。
いちまい　　か

話す 이야기하다 ｜ 結婚する 결혼하다 ｜ 全部 전부 ｜ お金 돈
はな　　　　　　　けっこん　　　　　　　ぜんぶ　　　　　かね

구문 연습

■ 보기와 같이 바꿔 봅시다.

1

보기 | 日本へ 行く　➡　A：日本へ 行きましたか。
　　　　　　　　　　　　B₁：はい、行きました。
　　　　　　　　　　　　B₂：いいえ、行きませんでした。

① ご飯を 食べる →
② 音楽を 聞く →
③ 新聞を 読む →
④ 学校へ 来る →

2

보기 | 学校／勉強する　➡　学校へ 勉強しに 行きます。

① 新宿／映画を 見る →
② 友だちの 家／遊ぶ →
③ 図書館／本を 借りる →
④ プール／泳ぐ →

새로나온 단어

読む 읽다 ｜ 借りる 빌리다 ｜ プール 수영장 ｜ 泳ぐ 수영하다

10 シャツを 2枚 買いました

3 보기

どこ／行く ➡ A：どこか 行きますか。
　　　　　　　B：いいえ、どこ(へ)も 行きません。

① 何／食べる → _____
② 誰／いる → _____
③ どこ／出かける → _____
④ 何／買う → _____

4 보기

写真／撮る／1枚 ➡ A：写真を 何枚 撮りましたか。
　　　　　　　　　　B：1枚しか 撮りませんでした。

① 傘／買う／1本 → _____
② レポート／書く／3枚 → _____
③ 友だち／呼ぶ／5人 → _____
④ ボールペン／買う／2本 → _____

새로나온 단어

出かける 외출하다 ｜ 写真 사진 ｜ 撮る (사진 등을) 찍다 ｜ 傘 우산 ｜ レポート 리포트 ｜ 呼ぶ 부르다
ボールペン 볼펜

회화 연습

■ 보기와 같이 역할을 바꿔 말해 봅시다.

1 TRACK 51

| 보기 | a. 友だち | b. 映画を 見る | c. 秋葉原 | d. 買い物する |

A : 昨日 何を しましたか。
B : ᵃ友だちと ᵇ映画を 見ました。
　　Aさんは 何を しましたか。
A : ᶜ秋葉原へ ᵈ買い物しに 行きました。

① a. 友だち　　b. お酒を 飲む　c. 渋谷　　　d. 映画を 見る
② a. 李さん　　b. 食事する　　c. 友だちの 家　d. 遊ぶ
③ a. 金さん　　b. 鎌倉へ 行く　c. プール　　d. 泳ぐ

2 TRACK 52

| 보기 | a. りんご | b. 2つ | c. 150 | d. 6つ |

A : その ᵃりんごは いくらですか。
B : ᵇ2つで ᶜ150円です。
A : じゃ、ᵈ6つ ください。
B : ありがとう ございます。全部で 450円です。

① a. タオル　　b. 5枚　　c. 1,000　d. 10枚
② a. 鉛筆　　　b. 10本　　c. 400　　d. 20本
③ a. おにぎり　b. 2つ　　c. 300　　d. 4つ

새로 나온 단어

秋葉原 아키하바라(지명) ｜ 鎌倉 가마쿠라(지명) ｜ じゃ 그럼 ｜ タオル 수건 ｜ 鉛筆 연필
おにぎり 주먹밥

우리는 일상생활에서 여러 장소들을 드나들고 있습니다. 자주 가는 장소의 이름을 일본어로 말해 봅시다. 또 최근에 갔던 장소를 말해 봅시다.

11 お土産が 買いたいです
みやげ　　か

선물을 사고 싶습니다

会話 1 대학 캠퍼스에서 🎧 TRACK 53

木村（きむら）　李さんは 何ヵ月前に 日本へ 来ましたか。

李（イ）　3ヵ月前に 来ました。

木村　そうですか。いつ 韓国へ 帰りますか。

李　来週の 金曜日から 1週間だけ 帰ります。

木村　それは 楽しみですね。

새로나온 단어

何ヵ月(なんかげつ) 몇 개월 | 前(まえ) (시간적인) 앞, 전 | 3ヵ月(さんかげつ) 3개월 | 1週間(いっしゅうかん) 일주일간 | ～だけ ～만, 뿐
楽しみ(たの) 즐거움, 기대

학습포인트 ❶ 기간 표현 ❷ 명사 + に ❸ 희망 표현

会話 2 대학 캠퍼스에서 🎧 TRACK 54

李　韓国の　友だちに　お土産が　買いたいです。
　　どこか　いい　店は　ありませんか。

木村　お土産ですか。どんな　ものが　いいですか。

李　小さくて　かわいい　小物が　ほしいです。

木村　それなら、「ゆめや」は　どうですか。
　　和風の　ハンカチや　アクセサリーが　いろいろ
　　ありますよ。

새로나온 단어

お土産 선물, 기념품 | ～たい ～하고 싶다 | もの 물건, 것 | 小物 자질구레한 것 | ほしい 원하다, 갖고 싶다
それなら 그렇다면 | 和風 일본식 | ハンカチ 손수건 | ～や ～(이)랑 | アクセサリー 액세서리
いろいろ 여러 가지 | ～よ ～요

문법 알기

❶ 기간 표현 1

	年(間) ねん かん	ヵ月(間) か げつ かん	週間 しゅうかん
1	いちねん(かん)	いっかげつ(かん)	いっしゅうかん
2	にねん(かん)	にかげつ(かん)	にしゅうかん
3	さんねん(かん)	さんかげつ(かん)	さんしゅうかん
4	よねん(かん)	よんかげつ(かん)	よんしゅうかん
5	ごねん(かん)	ごかげつ(かん)	ごしゅうかん
6	ろくねん(かん)	ろっかげつ(かん)	ろくしゅうかん
7	ななねん(かん)	ななかげつ(かん)	ななしゅうかん
8	はちねん(かん)	はっかげつ(かん)	はっしゅうかん
9	きゅうねん(かん)	きゅうかげつ(かん)	きゅうしゅうかん
10	じゅうねん(かん)	じゅっかげつ(かん)	じゅっしゅうかん
몇	なんねん(かん)	なんかげつ(かん)	なんしゅうかん

コンピューターを　1年間　習いました。
　　　　　　　　いち ねん かん　なら

3ヶ月間　日本に　いました。
さん か げつ かん　に ほん

会社を　1週間　休みました。
かい しゃ　いっ しゅう かん　やす

11 お土産が 買いたいです

② 名詞 + に

1 **동작이 행해지는 시점** ～에

8時に 起きます。
はちじ　お

1ヵ月前に 日本に 来ました。
いっかげつまえ　にほん　き

cf 〇 朝 コーヒーを 飲みました。
　　　あさ　　　　　　　の

　　 × 朝に コーヒーを 飲みました。
　　　あさ　　　　　　　の

2 **동작의 상대** ～에게, ～께

先生に 質問を します。
せんせい　しつもん

友だちに メールを 送ります。
とも　　　　　　　おく

小田さんに 電話を しました。
おだ　　　でんわ

③ 名詞 + だけ ～만, ～뿐

1週間だけ 韓国へ 帰ります。
いっしゅうかん　かんこく　かえ

クラスで 女の子は 一人だけです。
　　　　おんな こ　ひとり

金さんだけ 来ました。
キム　　　　き

コンピューター 컴퓨터 | 習う 배우다 | 休む 쉬다 | 朝 아침 | 質問 질문 | メール 메일 | 送る 보내다
　　　　　　　　　　　なら　　　　　やす　　　　あさ　　　しつもん　　　　　　　　　　おく
電話 전화 | クラス 클래스, 반 | 女の子 여자아이
でんわ　　　　　　　　　　　おんな こ

문법알기

❹ 희망 표현

1 ほしいです 갖고 싶습니다

かわいい 小物が ほしいです。

来年の カレンダーが ほしいです。

大きい かばんは ほしく ありません。

2 ～たいです ～하고 싶습니다

お土産が 買いたいです。

私は 日本へ 行きたいです。

辛い 料理は 食べたく ありません。

❺ 명사 + や ～(이)랑

ハンカチや アクセサリーが あります。

パーティーには 李さんや 小田さんが 来ました。

cf 机の 上に 本や ノートなどが あります。

机の 上に 本と ノートが あります。

❻ 문장 + よ ~요

この 本は おもしろいですよ。
ほん

バスが 来ましたよ。
き

この 店には アクセサリーが いろいろ ありますよ。
みせ

새로나온 단어

カレンダー 달력 | ノート 노트 | ～など ~등

구문 연습

■ 보기와 같이 바꿔 봅시다.

1

| 보기 | 車
くるま | ➡ | A : 何が　ほしいですか。
　　なに
B : 車が　ほしいです。
　　くるま |

① パソコン →

② 時計 →
　とけい

③ 指輪 →
　ゆびわ

④ お金 →
　かね

2

| 보기 | 映画を　見る　➡　映画が　見たいです。
えいが　　み　　　　えいが　　　み |

① 少し　休む　　　　　　　→
　すこ　やす

② 牛乳を　飲む　　　　　　→
　ぎゅうにゅう　の

③ おいしい　パンを　食べる →
　　　　　　　　　　　た

④ アルバイトを　する　　　→

指輪 반지 ｜ 牛乳 우유 ｜ パン 빵
ゆびわ　　　ぎゅうにゅう

11 お土産が 買いたいです

3

보기 韓国へ 帰ります／2月 ➡ A: いつ 韓国へ 帰りますか。
B: 2月に 帰ります。

① 日本へ 来ました／去年の 10月 →

② テストが あります／来週の 火曜日 →

③ 大学を 卒業しました／5年前 →

④ うちを 出ました／朝 8時 →

4

보기 日本に います／3ヵ月 ➡ A: 何ヵ月 日本に いますか。
B: 3ヵ月 います。

① 旅行します／1週間 →

② 休みました／2ヵ月 →

③ 泊まります／3週間 →

④ 中国に います／4年間 →

새로나온 단어

卒業 졸업 | 旅行 여행 | 泊まる 머무르다 | 中国 중국

회화

■ 보기와 같이 역할을 바꿔 말해 봅시다.

TRACK 55

1

| 보기 | a. 食べる | b. ご飯 | c. パン |

A：Bさん、何が ᵃ食べたいですか。
B：ᵇご飯が ᵃ食べたいです。
A：ᶜパンも ᵃ食べますか。
B：いいえ、ᵇご飯だけ ᵃ食べます。

① a. 読む　　　b. 雑誌　　　c. 新聞
② a. 飲む　　　b. コーヒー　　c. 水
③ a. 買う　　　b. 机　　　　c. 椅子

TRACK 56

2

| 보기 | a. 日本 | b. 2年前 | c. 1週間 |

A：いつ ᵃ日本に 行きましたか。
B：ᵇ2年前に 行きました。
A：ᵃ日本に どのぐらい いましたか。
B：ᶜ1週間ぐらいです。

① a. アメリカ　　b. 5年前　　　c. 6ヵ月
② a. 中国　　　b. 大学生の とき　c. 2ヵ月
③ a. フランス　　b. 去年の 夏　　c. 3週間

水 물 ｜ アメリカ 미국 ｜ 大学生 대학생 ｜ とき 때 ｜ フランス 프랑스 ｜ 夏 여름

만일 일본으로 여행을 간다면 어떤 음식을 먹겠습니까? 메뉴판을 보면서 먹고 싶은 음식을 주문해 봅시다.

メニュー

- うどん 우동
- お寿司(すし) 초밥
- お好み焼き(このやき) 일본식 부침개
- お弁当(べんとう) 도시락
- おにぎり 주먹밥
- カレー 카레
- ざるそば 메밀국수
- トンカツ定食(ていしょく) 돈가스 정식
- 天(てん)ぷら 튀김
- なべ 찌개, 전골 등의 냄비요리
- スープ 수프
- サンドイッチ 샌드위치
- スパゲッティ 스파게티
- 味噌汁(みそしる) 묽은 된장국
- ビビンバ 비빔밥
- ハンバーガー 햄버거
- ラーメン 라면
- サラダ 샐러드

119

12 | 気を つけて 帰って ください
조심해서 돌아가세요

 기무라 씨 집에서　TRACK 57

木村　こんにちは。どうぞ　入って　ください。

李　　おじゃまします。

李　　わぁ、ごちそうですね。

木村　母と　一緒に　作りました。
　　　さあ、食べましょう。

李　　いただきます。

こんにちは 안녕하세요(낮 인사) | ~てください ~해 주세요 | おじゃまします 실례하겠습니다
わぁ 와(감탄사) | ごちそう 진수성찬 | 母 (나의)어머니 | 一緒に 함께 | 作る 만들다 | さあ 자아, 어서
~ましょう(か) 합시다(할까요?) (청유형) | いただきます 잘 먹겠습니다

 ❶ 동사의 て형 ❷ 의뢰 표현(~てください) ❸ 권유 표현(~ましょう)

会話 2 기무라 씨 집에서   TRACK 58

李　　今日は ごちそうさまでした。

　　　今度は 私が 韓国料理を 作って、木村さんたちを 招待します。

木村　本当ですか。楽しみです。

　　　うちまで 送りましょうか。

李　　いいえ、大丈夫です。そこの 本屋に 寄ってから、帰ります。

木村　そうですか。気を つけて 帰って くださいね。

 새로나온 단어

ごちそうさまでした 잘 먹었습니다 | 今度 이번, 다음 번 | ~て ~하고, ~해서 | ~たち ~들
招待する 초대하다 | 大丈夫だ 괜찮다 | 寄る 들르다 | ~てから ~하고 나서 | 気をつける 조심하다

문법알기

① 동사의 て형

1 1그룹동사(5단동사)

① 書く(쓰다) → 書いて(쓰고, 써서)
　 泳ぐ(헤엄치다) → 泳いで(헤엄치고, 헤엄쳐서)
　 cf 行く(가다) → 行って(가고, 가서)

② 買う(사다) → 買って(사고, 사서)
　 待つ(기다리다) → 待って(기다리고, 기다려서)
　 作る(만들다) → 作って(만들고, 만들어서)

③ 死ぬ(죽다) → 死んで(죽고, 죽어서)
　 遊ぶ(놀다) → 遊んで(놀고, 놀아서)
　 飲む(마시다) → 飲んで(마시고, 마셔서)

④ 話す(이야기하다) → 話して(이야기하고, 이야기해서)

2 2그룹동사(1단동사)

見る(보다) → 見て(보고, 봐서)
食べる(먹다) → 食べて(먹고, 먹어서)

3 3그룹동사(불규칙동사)

来る(오다) → 来て(오고, 와서)
する(하다) → して(하고, 해서)

12 気を つけて 帰って ください

동사의 て형 만들기

1그룹동사 (5단동사)	① 어미 く → いて ぐ → いで	書_かく → 書_かいて 泳_{およ}ぐ → 泳_{およ}いで **cf** 行_いく → 行_いって
	② 어미 う つ → って る	買_かう → 買_かって 待_まつ → 待_まって 作_{つく}る → 作_{つく}って
	③ 어미 ぬ ぶ → んで む	死_しぬ → 死_しんで 遊_{あそ}ぶ → 遊_{あそ}んで 飲_のむ → 飲_のんで
	④ 어미 す → して	話_{はな}す → 話_{はな}して
2그룹동사 (1단동사)	어미 る → て	見_みる → 見_みて 食_たべる → 食_たべて
3그룹동사 (불규칙동사)	불규칙 활용	来_くる → 来_きて する → して

문법알기

❷ 동사 て형 표현 ~하고, ~해서

朝 起きて、顔を 洗って、ご飯を 食べます。

韓国料理を 作って 招待します。

今日は うちに 帰って 勉強します。

自転車に 乗って 学校へ 行きます。

❸ 동사 て형 + てください ~해 주세요(의뢰)

どうぞ 入って ください。

大きい 声で 話して ください。

ここに 名前を 書いて ください。

❹ 동사 ます형 + ましょう ~합시다

さあ、食べましょう。

ちょっと 休みましょう。

大きい 声で 読みましょう。

❺ 동사 ます형 + ましょうか ~할까요?

うちまで　送りましょうか。 제안

そろそろ　帰りましょうか。 권유

一緒に　図書館に　行きましょうか。 권유

❻ 동사 て형 + てから ~하고(나서)

本屋に　寄ってから　帰ります。

宿題を　してから　テレビを　見ます。

シャワーを　浴びてから　寝ます。

새로나온 단어

顔 얼굴 | 洗う 씻다 | 自転車 자전거 | 声 (목)소리 | 名前 이름 | ちょっと 좀, 잠시
そろそろ 이제 슬슬 | 宿題 숙제 | シャワー 샤워 | 浴びる 뒤집어 쓰다 | 寝る 자다

구문 연습

■ 보기와 같이 바꿔 봅시다.

1 보기 書く ➡ 書いて

① 読む →
② 持つ →
③ 教える →
④ 来る →

2 보기 8時に うちを 出る／学校へ 行く
➡ 8時に うちを 出て、学校へ 行きます。

① 7時に 起きる／朝ご飯を 食べる →
② 薬を 飲む／寝る →
③ 歯を 磨く／顔を 洗う →
④ 図書館へ 行く／宿題を する →

새로나온 단어

持つ 들다, 가지다 | 朝ご飯 아침밥 | 薬 약 | 飲む (약을) 먹다, 마시다 | 歯 이, 치아 | 磨く (이를) 닦다

12 気を つけて 帰って ください

3 보기 朝ご飯を 食べる／会社へ 行く
➡ 朝ご飯を 食べてから、会社へ 行きます。

① 友だちと 話す／うちへ 帰る → _____

② 部屋を 掃除する／出かける → _____

③ 少し 休む／授業を 始める → _____

④ 野菜を 切る／肉を 切る → _____

4 보기 教室に 入る ➡ 教室に 入って ください。

① ここに 座る → _____

② 荷物を 持つ → _____

③ ここに 名前を 書く → _____

④ 電話番号を 調べる → _____

새로나온 단어

掃除する 청소하다 | 始める 시작하다 | 野菜 야채 | 肉 고기 | 座る 앉다 | 荷物 짐, 화물
電話番号 전화번호 | 調べる 조사하다

회화 연습

■ 보기와 같이 역할을 바꿔 말해 봅시다.

TRACK 59

1

| 보기 | a. 野菜(やさい) | b. 切(き)る | c. 果物(くだもの) |

A : 何(なに)か 手伝(てつだ)いましょうか。
B : じゃ、ª野菜(やさい)を ᵇ切(き)って ください。
A : ᶜ果物(くだもの)も ᵇ切(き)りましょうか。
B : いいえ、ᶜ果物(くだもの)は いいです。

① a. 荷物(にもつ)　b. 持(も)つ　c. あの かばん
② a. 塩(しお)　　b. 取(と)る　c. 砂糖(さとう)
③ a. 住所(じゅうしょ)　b. 調(しら)べる　c. 電話番号(でんわばんごう)

TRACK 60

2

| 보기 | a. 朝(あさ) 起(お)きる　b. シャワーを 浴(あ)びる　c. コーヒーを 飲(の)む |

A : ª朝(あさ) 起(お)きてから 何(なに)を しましたか。
B : ᵇシャワーを 浴(あ)びて、ᶜコーヒーを 飲(の)みました。

① a. うちを 出(で)る　　b. 駅(えき)まで 歩(ある)く　c. バスに 乗(の)る
② a. うちへ 帰(かえ)る　　b. 本(ほん)を 読(よ)む　　c. 寝(ね)る
③ a. 仕事(しごと)が 終(お)わる　b. 友(とも)だちと 食事(しょくじ)を する　c. カラオケに 行(い)く

새로나온 단어

手伝(てつだ)う 돕다 | いい 괜찮다, 됐다 | 取(と)る 집다 | 砂糖(さとう) 설탕 | 住所(じゅうしょ) 주소 | 終(お)わる 끝나다

음식을 만들려면 여러 가지 재료들이 필요합니다. 자신 있게 만들 수 있는 음식과 그것을 만들기 위해 필요한 재료들을 말해 봅시다.

둘러보기

 キムチ 김치
 じゃがいも 감자
 ピーマン 피망
 とうがらし 고추
 白菜 배추
はくさい

 豆腐 두부
とうふ
  とうもろこし 옥수수
 トマト 토마토
 レタス 레터스, 양상추
 キャベツ 양배추

 人参 당근
にんじん
 ねぎ 파
 かぼちゃ 호박
 もやし 콩나물
 さつまいも 고구마

 大根 무
だいこん
 きゅうり 오이
 味噌 된장
みそ
 ほうれん草 시금치
そう
 玉ねぎ 양파
たま
 にんにく 마늘

 卵 달걀
たまご
 魚 생선
さかな
 鶏肉 닭고기
とりにく
 牛肉 쇠고기
ぎゅうにく
 豚肉 돼지고기
ぶたにく

13 あそこで 本を 読んで います

저기에서 책을 읽고 있습니다

会話 1  TRACK 61

小田　李さん、私の　弟を　紹介します。

李　　弟さん？　どこに　いますか。

小田　今　あそこで　本を　読んで　います。

李　　めがねを　かけて　いますか。

小田　いいえ、青い　シャツを　着て、

　　　帽子を　かぶって　います。

李　　ああ、あの　人ですね。

弟 (나의) 남동생 ｜ 紹介する 소개하다 ｜ 弟さん (타인의) 남동생 ｜ ～て(で)います ～하고 있습니다
めがね 안경 ｜ かける (안경을) 쓰다 ｜ かぶる (모자를) 쓰다

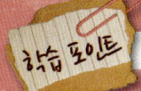 ❶ 가족 명칭 ❷ 동사의 ている형(진행/상태/습관) ❸ 착용을 나타내는 말

会話 2 — 대학 캠퍼스에서 🎧 TRACK 62

小田 : 李さんは　兄弟が　いますか。

李 : はい。兄と　妹が　います。

小田 : そうですか。妹さんは　おいくつですか。

李 : 19歳です。大学で　中国語を　勉強して　います。

小田 : お兄さんは　結婚して　いますか。

李 : いいえ、独身です。銀行で　働いて　います。

兄弟(きょうだい) 형제 | 妹(いもうと) (나의) 여동생 | 妹さん(いもうと) (타인의) 여동생 | おいくつ 몇 살, 몇 개 | ~歳(才)(さい) ~살(나이)
中国語(ちゅうごくご) 중국어 | お兄さん(にい) (타인의) 형, 오빠 | 独身(どくしん) 독신 | 働く(はたら) 일하다

131

문법 알기

❶ 가족 명칭

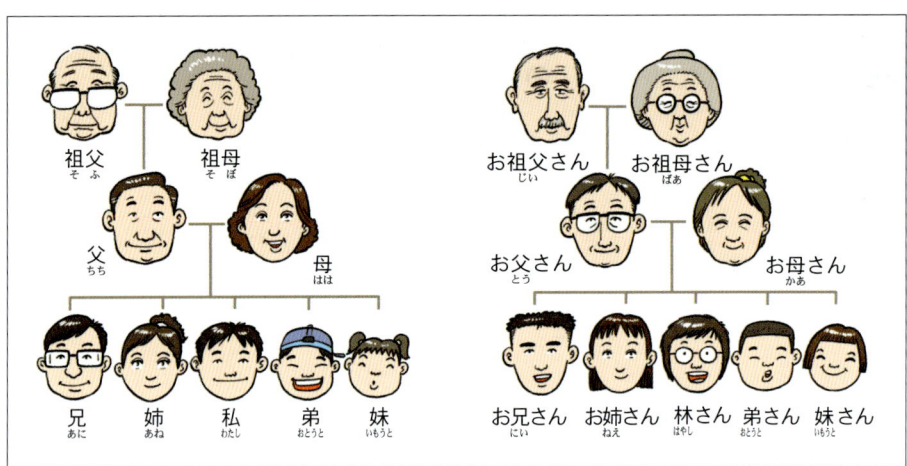

A : 弟さんは 高校生ですか。
B : いいえ、弟は 大学生です。

❷ 동사의 て형 + ています ~고 있습니다, ~어 있습니다

1 진행

今 本を 読んで います。

私は 友だちと ご飯を 食べて います。

李さんは 今 宿題を して います。

2 상태

庭に 花が 咲いて います。

窓が 開いて います。

椅子に 座って います。

3 습관

毎日 公園を 走って います。

毎晩 ワインを 1杯 飲んで います。

毎年 旅行に 行って います。

③ ている 표현

1 항상 ている 형태로 써야 하는 동사

兄は 結婚して います。

私は 父と 似て います。

金さんは どこに 住んで いますか。

2 ている 형태로 쓸 수 없는 동사

○ 机の 上に 本が あります。
× 机の 上に 本が あって います。

○ 教室の 中に 生徒が います。
× 教室の 中に 生徒が いて います。

高校生 고등학생 | **庭** 정원 | **咲く** (꽃이) 피다 | **窓** 창문 | **開く** 열리다 | **毎晩** 매일 밤 | **ワイン** 와인
毎年 매년 | **似る** 닮다 | **住む** 살다, 거주하다 | **生徒** (중고등)학생

문법 알기

❹ 나이 묻기

1歳(才)	いっさい	12歳(才)	じゅうにさい
2歳(才)	にさい	20歳(才)	はたち
3歳(才)	さんさい	30歳(才)	さんじゅっさい
4歳(才)	よんさい	40歳(才)	よんじゅっさい
5歳(才)	ごさい	50歳(才)	ごじゅっさい
6歳(才)	ろくさい	60歳(才)	ろくじゅっさい
7歳(才)	ななさい	70歳(才)	ななじゅっさい
8歳(才)	はっさい	80歳(才)	はちじゅっさい
9歳(才)	きゅうさい	90歳(才)	きゅうじゅっさい
10歳(才)	じゅっさい	100歳(才)	ひゃくさい
11歳(才)	じゅういっさい	(お)幾つ／何歳	(お)いくつ／なんさい

❺ 착용을 나타내는 말

青い シャツを 着て います。
あお　　　　　　　　き

帽子を かぶって います。
ぼう し

木村さんは めがねを かけて います。
き むら

13 あそこで 本を 読んで います

 帽子 모자
ぼう　し

 上着 상의　 セーター 스웨터　シャツ 셔츠　 スーツ 정장
うわ ぎ

かぶる 쓰다

着る 입다
き

 スカート 스커트, 치마　 ズボン 바지　 靴 구두　 靴下 양말
くつ　　　　　　くつした

はく 입다, 신다

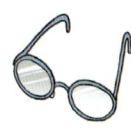 めがね 안경

かける 쓰다

 ネクタイ 넥타이

する／しめる
하다/매다

 イヤリング 귀걸이　 ネックレス 목걸이

する／つける 하다

 ベルト 벨트　 時計 시계
と けい

する 하다, 차다

135

구문 연습

■ 보기와 같이 바꿔 봅시다.

1

| 보기 | 父(ちち) ➡ A: Bさんの お父(とう)さんですか。
B: はい、私(わたし)の 父(ちち)です。 |

① 母(はは) → ＿＿＿＿＿＿＿＿＿＿＿＿＿＿＿＿＿＿＿

② 姉(あね) → ＿＿＿＿＿＿＿＿＿＿＿＿＿＿＿＿＿＿＿

③ 祖母(そぼ) → ＿＿＿＿＿＿＿＿＿＿＿＿＿＿＿＿＿＿＿

④ 兄(あに) → ＿＿＿＿＿＿＿＿＿＿＿＿＿＿＿＿＿＿＿

2

| 보기 | テレビを 見(み)る ➡ A: 今(いま) 何(なに)を して いますか。
B: テレビを 見(み)て います。 |

① ご飯(はん)を 食(た)べる → ＿＿＿＿＿＿＿＿＿＿＿＿＿＿＿

② お酒(さけ)を 飲(の)む → ＿＿＿＿＿＿＿＿＿＿＿＿＿＿＿

③ 料理(りょうり)を 作(つく)る → ＿＿＿＿＿＿＿＿＿＿＿＿＿＿＿

④ 絵葉書(えはがき)を 書(か)く → ＿＿＿＿＿＿＿＿＿＿＿＿＿＿＿

새로나온 단어

絵葉書(えはがき) 그림엽서

3

보기 結婚する ➡ 金さんは 結婚して います。

① めがねを かける → _____

② 白い セーターを 着る → _____

③ 黒い ズボンを はく → _____

④ 東京に 住む → _____

4

보기 弟／銀行で 働く ➡ 弟は 銀行で 働いて います。

① 朴さん／毎日 タイ料理を 習う
→ _____

② 父／毎晩 ジョギングを する
→ _____

③ 私／毎朝 野菜ジュースを 飲む
→ _____

④ 木村さん／いつも この ドラマを 見る
→ _____

새로나온 단어

タイ 태국 ｜ ジョギング 조깅 ｜ 毎朝 매일 아침 ｜ いつも 항상 ｜ ドラマ 드라마

회화 연습

■ 보기와 같이 역할을 바꿔 말해 봅시다.

🎧 TRACK 63

1

| 보기 | a. 佐藤さん | b. 食堂で ご飯を 食べる |

A : ª佐藤さんは どこに いますか。
B : 今、ᵇ食堂で ご飯を 食べて います。

① a. 田中さん　　b. 友だちと お茶を 飲む
② a. 金さん　　　b. 近所を 散歩する
③ a. 山田さん　　b. 部屋で メールを 書く

🎧 TRACK 64

2

| 보기 | a. 4人　b. 父と 母と 妹　c. 妹さん　d. 会社で 働く |

A : Bさんは、何人家族ですか。
B : ª4人です。ᵇ父と 母と 妹と 私です。
A : そうですか。
　　ᶜ妹さんは 何を して いますか。
B : ᵈ会社で 働いて います。

① a. 4人　　b. 母と 弟 2人　　c. お母さん　　d. 高校で 教える
② a. 3人　　b. そぼと 父　　　c. お父さん　　d. 銀行に 勤める
③ a. 4人　　b. 父と 母と 姉　　c. お姉さん　　d. 大学で 勉強する

새로나온 단어

食堂 식당 ｜ 近所 주변, 근처 ｜ 何人家族 몇 인 가족 ｜ 高校 고등학교 ｜ 勤める 근무하다

우리가 매일 입고 신는 물건에는 여러 가지가 있습니다. 자신이 입고 있는 복장이나 다른 사람의 모습에 대해 말해 봅시다.

예 　私は　ワンピースを　着て　います。
　　○○さんは　靴下を　はいて　いません。

14 お台場へ 行った ことが ありますか

오다이바에 간 적이 있습니까?

会話 1  🎧 TRACK 65

木村　李さん、お台場へ 行った ことが ありますか。

李　　いいえ。まだ 行った ことが ありません。

木村　そうですか。じゃ、今日の 午後、一緒に

　　　行きませんか。

李　　ええ。じゃ、2時ごろ ここで 会いましょう。

お台場 오다이바(지명) | ～た ～했다 | ～たことがあります(か) ~한 적이 있습니다(까?)
～たことがありません ~한 적이 없습니다 | ～ませんか ~하지 않겠습니까?(권유) | ～ごろ ~쯤, 경

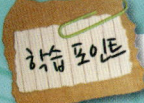 ❶ 동사의 た형 ❷ 경험(~たことがあります／ありません) ❸ 권유 표현

会話 2 대학 캠퍼스에서 🎧 TRACK 66

小田　今日の　午後、一緒に　図書館で　勉強しませんか。

李　　すみません。今日は　ちょっと…。

小田　用事が　ありますか。

李　　はい。授業が　終わった　あとで、友だちと

　　　お台場に　行く　予定です。

小田　いいですね。車で　行きますか。

李　　いいえ、電車で　行きます。

새로나온 단어

用事 용무, 볼일 ｜ ~たあとで ~한 후에, ~한 뒤에 ｜ 予定 예정 ｜ ~で ~으로(수단) ｜ 電車 전철

문법알기

1 동사의 た형

동사의 た형 만들기

1그룹동사 (5단동사)	① 어미 く → いた ぐ → いだ	書く(쓰다) → 書いた(썼다) 泳ぐ(헤엄치다) → 泳いだ(헤엄쳤다) **cf** 行く(가다) → 行った(갔다)
	② 어미 う つ → った る	買う(사다) → 買った(샀다) 待つ(기다리다) → 待った(기다렸다) 作る(만들다) → 作った(만들었다)
	③ 어미 ぬ ぶ → んだ む	死ぬ(죽다) → 死んだ(죽었다) 遊ぶ(놀다) → 遊んだ(놀았다) 飲む(마시다) → 飲んだ(마셨다)
	④ 어미 す → した	話す(이야기하다) → 話した(이야기했다)
2그룹동사 (1단동사)	어미 る → た	見る(보다) → 見た(봤다) 食べる(먹다) → 食べた(먹었다)
3그룹동사 (불규칙동사)	불규칙 활용	来る(오다) → 来た(왔다) する(하다) → した(했다)

14 お台場へ 行った ことが ありますか

❷ 동사 た형＋たことがあります／ありません
~한 적이 있습니다／없습니다

お台場へ　行った　ことが　ありますか。

私は　一度　日本へ　行った　ことが　あります。

中国語は　勉強した　ことが　ありません。

❸ もう／まだ 이미, 벌써／아직(도)

A ： 昼ご飯は　食べましたか。
B1： はい、**もう**　食べました。
B2： いいえ、**まだ**　食べて　いません。

cf ✗ いいえ、**まだ**　食べませんでした。

새로나온 단어

一度 한 번 ｜ もう 이미, 벌써 ｜ 昼ご飯 점심(밥)

문법 알기

④ 동사 ます형 + ませんか ~하지 않겠습니까?

今日　図書館で　一緒に　勉強しませんか。
きょう　としょかん　いっしょ　べんきょう

明日　一緒に　食事しませんか。
あした　いっしょ　しょくじ

⑤ 명사 + ごろ ~쯤, ~경, ~정도

2時ごろ　ここで　会いましょう。
にじ　　　　　　あ

今年　5月ごろ　結婚します。
ことし　ごがつ　　けっこん

⑥ 명사 の / 동사 た형 + あとで ~한 뒤에, ~한 후에

授業が　終わった　あとで　お台場に　行きます。
じゅぎょう　お　　　　　　　だいば　　い

会議の　あとで　コーヒーを　飲みました。
かいぎ　　　　　　　　　　　　の

うちに　帰った　あとで　宿題を　します。
　　　　かえ　　　　　　しゅくだい

14 お台場へ 行った ことが ありますか

7 명사 の／동사 사전형 ＋ 予定だ ～할 예정이다

友だちと お台場へ 行く 予定です。
とも　　　だいば　　い　　　よてい

今日 卒業の 予定です。
きょう そつぎょう　よてい

来年の 春 引っ越す 予定です。
らいねん　はる　ひ こ　　よてい

8 명사 ＋ で ～(으)로

学校へ 電車で 行きます。
がっこう でんしゃ　い

ご飯を 箸で 食べます。
はん　　はし　た

紙で 飛行機を 作ります。
かみ　ひこうき　　つく

새로나온 단어

春 봄 ｜ 引っ越す 이사하다 ｜ 箸 젓가락 ｜ 紙 종이 ｜ 飛行機 비행기
はる　　ひ こ　　　　　　　　はし　　　　　　かみ　　　　　ひ こう き

구문 연습

■ 보기와 같이 바꿔 봅시다.

1

| 보기 | 京都へ　行く　➡　京都へ　行った　ことが　あります。 |

① この　本を　読む　→ ....

② パソコンを　使う　→ ....

③ この　料理を　食べる→ ....

④ ここへ　来る　→ ....

2

| 보기 | 宿題を　する／出かける　➡　宿題を　した　あとで、出かけます。
会議／食事に　行く　➡　会議の　あとで、食事に　行きます。 |

① 授業が　終わる／買い物を　する　→ ....

② 意味を　調べる／辞書を　返す　→ ....

③ テスト／映画を　見る　→ ....

④ パーティー／デートを　する　→ ....

새로나온 단어

使う 사용하다 | 買い物をする 물건을 사다 | 意味 의미 | 返す 돌려주다 | デート 데이트

3 | 보기 | 京都へ 行く ➡ 京都へ 行きませんか。

① 昼ご飯を 食べる → ....

② 映画を 見る → ....

③ テニスを する → ....

④ 散歩する → ....

4 | 보기 | 来週 韓国に 帰ります ➡ 来週 韓国に 帰る 予定です。

① 6時に 友だちと 会います → ....

② 20分後に 飛行機が 到着します → ....

③ 出発は 午後 3時です → ....

④ 会議に 出席します → ....

새로나온 단어

テニス 테니스 | ～後 ～후 | 到着する 도착하다 | 出発 출발 | 出席する 출석하다

회화 연습

■ 보기와 같이 역할을 바꿔 말해 봅시다.

TRACK 67

1

| 보기 | a. 晩ご飯を 食べる | b. 少し 散歩する |

A : もう ａ晩ご飯を 食べましたか。
B : いいえ、まだ ａ食べて いません。
　　ｂ少し 散歩した あとで、ａ食べます。

① a. シャワーを 浴びる　　　b. ご飯を 食べる
② a. レポートを 書く　　　　b. この 雑誌を 読む
③ a. 電話を する　　　　　　b. メールを 書く

TRACK 68

2

| 보기 | a. 神戸へ 行く | b. ３年前 |

A : ａ神戸へ 行った ことが ありますか。
B : はい、ａ行った ことが あります。
A : いつごろ ａ行きましたか。
B : ｂ３年前に ａ行きました。

① a. この 映画を 見る　　　b. １年前
② a. 高橋さんに 会う　　　　b. ２ヵ月前
③ a. この 話を 聞く　　　　b. １週間前

새로나온 단어

晩ご飯 저녁밥 ｜ いつごろ 언제쯤 ｜ 話 이야기

우리가 일상생활에서 이용하는 교통수단에는 여러 가지가 있습니다. 자주 이용하는 교통수단이나 이용해 보고 싶은 교통수단에 대해 말해 봅시다.

둘러보기

自動車／車 자동차
じどうしゃ／くるま

新幹線 신칸센
しんかんせん

地下鉄 지하철
ちかてつ

飛行機 비행기
ひこうき

バス 버스

船 배
ふね

自転車 자전거
じてんしゃ

タクシー 택시

バイク 오토바이

トラック 트럭

ボート 보트

電車 전철
でんしゃ

フェリー 훼리

ケーブルカー 케이블카

ヨット 요트

15 | テレビを 見たり、インターネットを したり します

텔레비전을 보거나 인터넷을 하거나 합니다

会話 1  TRACK 69

佐藤 　日曜日、何を しましたか。

李　　テレビを 見たり、インターネットを したり しました。佐藤さんは？

佐藤 　喫茶店へ 行って、コーヒーを 飲みながら 本を 読みました。

李　　そうですか。私も たまに 喫茶店で 漫画を 読みますよ。

～たり ~하기도 하고(하거나) | インターネット 인터넷 | 喫茶店 카페, 다방 | ～ながら ~하면서
たまに 가끔, 때때로 | 漫画 만화

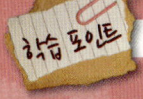 ❶ 동사 나열(~たり) ❷ 동시 동작(~ながら) ❸ 명사 の/동사 + 前に

 카페에서   TRACK 70

李   佐藤さんは スポーツは しますか。

佐藤 スポーツセンターに 行って 運動して います。

李   1週間に 何回ぐらい 行きますか。

佐藤 週に 3日ぐらい 行って います。

　　　李さんは、何か 運動を して いますか。

李   夜 寝る 前に 30分ぐらい ジョギングを

　　　して います。

새로나온 단어

センター 센터 | 運動する 운동하다 | 何回 몇 회, 몇 번 | 夜 밤 | ~前に ~하기 전에

문법알기

❶ 동사 た형 + たり ~하기도 하고(하거나)

1그룹동사 (5단동사)	① 어미 く → いたり ぐ → いだり	書く(쓰다) → 書いたり(쓰거나) 泳ぐ(헤엄치다) → 泳いだり(헤엄치거나) **cf** 行く(가다) → 行ったり(가거나)
	② 어미 う つ → ったり る	買う(사다) → 買ったり(사거나) 待つ(기다리다) → 待ったり(기다리거나) 作る(만들다) → 作ったり(만들거나)
	③ 어미 ぬ ぶ → んだり む	死ぬ(죽다) → 死んだり(죽거나) 遊ぶ(놀다) → 遊んだり(놀거나) 飲む(마시다) → 飲んだり(마시거나)
	④ 어미 す → したり	話す(이야기하다) → 話したり(이야기하거나)
2그룹동사 (1단동사)	어미 る → たり	見る(보다) → 見たり(보거나) 食べる(먹다) → 食べたり(먹거나)
3그룹동사 (불규칙동사)	불규칙 활용	来る(오다) → 来たり(오거나) する(하다) → したり(하거나)

テレビを 見たり、インターネットを したり します。

日曜日は 音楽を 聞いたり、メールを 書いたり します。

夏休みには 海で 泳いだり、山に 登ったり しました。

❷ 동사 ます형 + ながら ~하면서

コーヒーを 飲みながら 本を 読みます。

ご飯を 食べながら テレビを 見ます。

音楽を 聞きながら 勉強を します。

15 テレビを 見たり、インターネットを したり します

3 기간 표현 2

	日(間)	時間	分(間)
1	いちにち	いちじかん	いっぷん(かん)
2	ふつか(かん)	にじかん	にふん(かん)
3	みっか(かん)	さんじかん	さんぷん(かん)
4	よっか(かん)	よじかん	よんぷん(かん)
5	いつか(かん)	ごじかん	ごふん(かん)
6	むいか(かん)	ろくじかん	ろっぷん(かん)
7	なのか(かん)	ななじかん	ななふん(かん)
8	ようか(かん)	はちじかん	はっぷん(かん)
9	ここのか(かん)	くじかん	きゅうふん(かん)
10	とおか(かん)	じゅうじかん	じゅっぷん(かん)
몇	なんにち(かん)	なんじかん	なんぷん(かん)

週に **3日**ぐらい 行って います。
しゅう みっか い

1日に **3時間**ぐらい ゲームを します。
いちにち さんじかん

30分ぐらい ジョギングして います。
さんじゅっぷん

4 명사 の／동사 ＋ 前に ～하기 전에

食事の **前に** 手を 洗います。
しょくじ まえ て あら

夜 寝る **前に** ジョギングを します。
よる ね まえ

韓国に 帰る **前に** お土産を 買います。
かんこく かえ まえ みやげ か

夏休み 여름 방학 ｜ 山 산 ｜ 登る 오르다 ｜ ゲーム 게임 ｜ 手 손
なつやす　　　　　　　やま　　　のぼ　　　　　　　　　　　　　　て

구문 연습

■ 보기와 같이 바꿔 봅시다.

1

| 보기 | 映画を 見る／食事を する
➡ 映画を 見たり、食事を したり します。 |

① 掃除する／洗濯する → ＿＿＿＿＿＿＿＿＿＿

② ＣＤを 聞く／漢字を 練習する → ＿＿＿＿＿＿＿＿＿＿

③ 歌を 歌う／踊る → ＿＿＿＿＿＿＿＿＿＿

④ たばこを 吸う／お酒を 飲む → ＿＿＿＿＿＿＿＿＿＿

2

| 보기 | 散歩する／話を する ➡ 散歩しながら、話を します。 |

① コーヒーを 飲む／仕事を する → ＿＿＿＿＿＿＿＿＿＿

② 電話を する／歩く → ＿＿＿＿＿＿＿＿＿＿

③ ピアノを ひく／歌う → ＿＿＿＿＿＿＿＿＿＿

④ ＭＰ３を 聞く／勉強する → ＿＿＿＿＿＿＿＿＿＿

洗濯する 세탁하다 | 漢字 한자 | 練習する 연습하다 | 歌う 노래하다 | 踊る 춤추다 | たばこ 담배 | 吸う 피우다 | ピアノをひく 피아노를 치다

15 テレビを 見たり、インターネットを したり します

3

보기
寝る／歯を 磨く　➡　寝る 前に 歯を 磨きます。
テスト／教科書を 読む　➡　テストの 前に 教科書を 読みます。

① ご飯を 食べる／手を 洗う　→ _____
② うちに 入る／靴を 脱ぐ　→ _____
③ 授業／予習を する　→ _____
④ パーティー／料理を 作る　→ _____

4

보기
1週間／3／部屋の 掃除を する
➡　1週間に 3回ぐらい 部屋の 掃除を します。

① 1年／3／旅行を する　→ _____
② 1週間／2／お酒を 飲みに 行く　→ _____
③ 1ヵ月／4／家族に 電話を する　→ _____
④ 1日／5／メールを チェックする　→ _____

새로나온 단어

教科書 교과서 | **脱ぐ** 벗다 | **予習** 예습 | **チェックする** 체크하다

회화 연습

■ 보기와 같이 역할을 바꿔 말해 봅시다.

🎧 TRACK 71

1

| 보기 | a. 喫茶店で お茶を 飲む |

A : 昨日 田中さんに 会いましたか。
B : ええ。ª喫茶店で お茶を 飲みながら 話しました。

① a. 近所を 歩く
② a. 昼ご飯を 食べる
③ a. 旅行の 写真を 見る

🎧 TRACK 72

2

| 보기 | a. 夜 寝る　　b. テレビを 見る　　c. 本を 読む |

A : ª夜 寝る 前に 何を しましたか。
B : ᵇテレビを 見たり、ᶜ本を 読んだり しました。

① a. 学校へ 来る　　b. 本屋へ 行く　　c. 友だちに 会う
② a. パーティー　　b. 部屋を 掃除する　　c. 料理を 作る
③ a. テスト　　b. 教科書を 読む　　c. 漢字を 覚える

새로나온 단어

覚える 외우다

운동에는 여러 가지 종류가 있습니다. 여러 운동을 일본어로는 어떻게 말할까요?
또 지금 하고 있는 운동이나 하고 싶은 운동이 있다면 말해 봅시다.

スキー 스키

相撲 스모, 일본 씨름
すもう

ボウリング 볼링

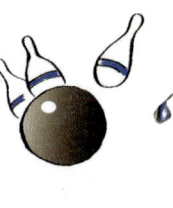
ゴルフ 골프

バドミントン 배드민턴

しゃげき 사격

水泳 수영
すいえい

剣道 검도
けんどう

体操 체조
たいそう

サッカー 축구

テニス 테니스

野球 야구
やきゅう

バスケットボール 농구

スケート 스케이트

バレーボール 배구

柔道 유도
じゅうどう

マラソン 마라톤

卓球 탁구
たっきゅう

ラグビー 럭비

16 | 飲み物は 飲まないで ください
음료는 마시지 마세요

会話 1  TRACK 73

李　　すみません。ここに 座っても いいですか。

学生　あ、すみません。そこは 私の 席ですから、

　　　こちらに 座って ください。

李　　はい。この パソコンは 使っても いいですか。

学生　いいですよ。どうぞ。

새로 나온 단어

〜てもいいです(か) 〜해도 좋습니다(까?) | あ 아(감탄사) | 席 자리, 좌석

 ❶ 동사의 ない형　❷ 허가・금지 표현　❸ 이유의 から

会話 2　컴퓨터실에서　TRACK 74

李　　ここで 飲み物を 飲んでも いいですか。

学生　いいえ。パソコンは 水に 弱いですから、

　　　飲み物は 飲まないで ください。

李　　わかりました。食べ物も だめですね。

学生　はい。それから、大きい 声で 話しては

　　　いけません。

李　　そうですか。気を つけます。

새로나온 단어

弱い 약하다 ｜ 〜ないでください 〜하지 말아 주세요 ｜ だめだ 안 된다
〜てはいけません 〜해서는 안 됩니다

문법알기

❶ 동사의 ない형

동사의 ない형 만들기

1그룹동사 (5단동사)	う단 → あ단+ない (단, う로 끝난 동사는 わ로)	書く(쓰다) → 書かない(쓰지 않다) 飲む(마시다) → 飲まない(마시지 않다) 会う(만나다) → 会わない(만나지 않다)
2그룹동사 (1단동사)	る → る+ない	見る(보다) → 見ない(보지 않다) 食べる(먹다) → 食べない(먹지 않다)
3그룹동사 (불규칙동사)	불규칙 활용	来る(오다) → 来ない(오지 않다) する(하다) → しない(하지 않다)

❷ 동사 て형 + てもいいです ~해도 됩니다

ここに 座っても いいですか。

韓国語で 書いても いいです。

❸ 동사 ない형 + ないでください ~하지 말아 주세요

ここで 飲み物は 飲まないで ください。

そこには 入らないで ください。

宿題を 忘れないで ください。

16 飲み物は 飲まないで ください

❹ **동사 て형 + てはいけません** ～해서는 안 됩니다

大きい 声で 話しては いけません。

ここで たばこを 吸っては いけません。

教室で 食事を しては いけません。

❺ **문장 + から + 문장** ～때문에, ～이므로

そこは 私の 席ですから、こちらに 座って ください。

これは 高いですから 買いません。

大丈夫ですから 心配しないで ください。

車が 来ますから 気を つけて ください。

韓国語 한국어 | **忘れる** 잊다, 잊어버리다 | **心配する** 걱정하다

구문 연습

■ 보기와 같이 바꿔 봅시다.

1

| 보기 | 飲む ➡ 飲まない |

① 買う　→
② 勉強する　→
③ 来る　→
④ 出かける　→

2

| 보기 | 学校で お酒を 飲む
➡ A：学校で お酒を 飲んでも いいですか。
　 B：いいえ、飲んでは いけません。 |

① この 部屋で 食べ物を 食べる　→

② テスト中に 辞書を 見る　→

③ 美術館で 写真を 撮る　→

④ 運転しながら 電話を する　→

~中 ~사이, ~중간 ｜ 美術館 미술관 ｜ 運転する 운전하다

16 飲み物は 飲まないで ください

3 보기 この 椅子に 座る ➡ この 椅子に 座らないで ください。

① この 部屋に 入る → _____

② 宿題を 忘れる → _____

③ この ボタンを 押す → _____

④ 廊下を 走る → _____

4 보기 部屋が 汚い／掃除します
➡ 部屋が 汚いですから、掃除します。

① 宿題が たくさん ある／図書館へ 行きます

→ _____

② 今日は 日曜日／銀行は 休みです

→ _____

③ 雨が 降って いる／タクシーで 行きましょう

→ _____

④ ここは 危ない／入らないで ください

→ _____

새로나온 단어

ボタン 버튼 | 押す 누르다 | 廊下 복도 | 汚い 더럽다 | 降る 내리다 | タクシー 택시 | 危ない 위험하다

회화 연습

■ 보기와 같이 역할을 바꿔 말해 봅시다.

1

| 보기 | a. 学校へ 行く | b. 今日は 頭が 痛いです |

A : ª学校へ 行きますか。
B : いいえ、ᵇ今日は 頭が 痛いですから、ª行きません。

① a. どこかへ 出かける   b. 雨が 降って います
② a. この 本を 買う   b. 今 お金が ありません
③ a. 仕事を して いる   b. まだ 学生です

2

| 보기 | a. テスト中に b. 辞書を 見る c. 質問を する |

A : ªテスト中に ᵇ辞書を 見ても いいですか。
B : いいえ、ᵇ辞書を 見ないで ください。
A : ᶜ質問は しても いいですか。
B : はい、ᶜ質問は しても いいです。

① a. 教室で   b. 食べ物を 食べる   c. 飲み物を 飲む
② a. 美術館で   b. 写真を 撮る   c. ビデオを 撮る
③ a. 電車の 中で b. 電話を する   c. メールを する

痛い 아프다 | ビデオ 비디오

일본 사람들은 동물을 매우 좋아합니다. 각자 어떤 동물을 좋아하고, 또 그 동물을 좋아하는 이유에 대해 말해 봅시다.

둘러보기

犬 개 (いぬ)	豚 돼지 (ぶた)	 うさぎ 토끼	 牛 소 (うし)	鳥 새 (とり)
馬 말 (うま)	虎 호랑이 (とら)	 ライオン 사자	 熊 곰 (くま)	
象 코끼리 (ぞう)	鹿 사슴 (しか)	 ねずみ 쥐	 猿 원숭이 (さる)	
羊 양 (ひつじ)	蛇 뱀 (へび)	 やぎ 염소	 きりん 기린	

New 다이나믹 일본어

Step 1

부록

1. 수사 및 조수사
2. 가족 호칭
3. 명사 활용표
4. 형용사 활용표
5. 동사 활용표
6. 본문 회화 해석 및 연습문제 해답
7. 단어 색인

1 수사 및 조수사

❶ 수사

1	2	3	4	5
いち	に	さん	よん・し	ご
6	7	8	9	10
ろく	なな・しち	はち	きゅう	じゅう

❷ 조수사

조수사	1	2	3	4	5	6	7	8	9	10	몇
個 ~개	いっこ	にこ	さんこ	よんこ	ごこ	ろっこ	ななこ	はっこ	きゅうこ	じゅっこ	なんこ
回 ~번	いっかい	にかい	さんかい	よんかい	ごかい	ろっかい	ななかい	はっかい	きゅうかい	じゅっかい	なんかい
階 ~층	いっかい	にかい	さんがい	よんかい	ごかい	ろっかい	ななかい	はっかい	きゅうかい	じゅっかい	なんがい
歳(才) ~살	いっさい	にさい	さんさい	よんさい	ごさい	ろくさい	ななさい	はっさい	きゅうさい	じゅっさい	なんさい
冊 ~권	いっさつ	にさつ	さんさつ	よんさつ	ごさつ	ろくさつ	ななさつ	はっさつ	きゅうさつ	じゅっさつ	なんさつ
足 ~켤레	いっそく	にそく	さんぞく	よんそく	ごそく	ろくそく	ななそく	はっそく	きゅうそく	じゅっそく	なんぞく
点 ~점	いってん	にてん	さんてん	よんてん	ごてん	ろくてん	ななてん	はってん	きゅうてん	じゅってん	なんてん
杯 ~잔	いっぱい	にはい	さんばい	よんはい	ごはい	ろっぱい	ななはい	はちはい	きゅうはい	じゅっぱい	なんばい
本 ~자루	いっぽん	にほん	さんぼん	よんほん	ごほん	ろっぽん	ななほん	はっぽん	きゅうほん	じゅっぽん	なんぼん
匹 ~마리	いっぴき	にひき	さんびき	よんひき	ごひき	ろっぴき	ななひき	はっぴき	きゅうひき	じゅっぴき	なんびき
台 ~대	いちだい	にだい	さんだい	よんだい	ごだい	ろくだい	ななだい	はちだい	きゅうだい	じゅうだい	なんだい
枚 ~장	いちまい	にまい	さんまい	よんまい	ごまい	ろくまい	ななまい	はちまい	きゅうまい	じゅうまい	なんまい
つ 고유수사	ひとつ	ふたつ	みっつ	よっつ	いつつ	むっつ	ななつ	やっつ	ここのつ	とお	いくつ
人 ~명	ひとり	ふたり	さんにん	よにん	ごにん	ろくにん	しちにん	はちにん	きゅうにん	じゅうにん	なんにん

2 가족 호칭

가족 구성원	자기 가족	남의 가족
할아버지	祖父 (そふ)	お祖父さん (じい)
할머니	祖母 (そぼ)	お祖母さん (ばあ)
아버지	父 (ちち)	お父さん (とう)
어머니	母 (はは)	お母さん (かあ)
형, 오빠	兄 (あに)	お兄さん (にい)
언니, 누나	姉 (あね)	お姉さん (ねえ)
남동생	弟 (おとうと)	弟さん (おとうと)
여동생	妹 (いもうと)	妹さん (いもうと)
부모	両親 (りょうしん)	ご両親 (りょうしん)
형제	兄弟 (きょうだい)	ご兄弟 (きょうだい)
가족	家族 (かぞく)	ご家族 (かぞく)
남편	主人 (しゅじん) / 夫 (おっと)	ご主人 (しゅじん)
부인	家内 (かない) / 妻 (つま)	奥さん (おく)
아들	息子 (むすこ)	息子さん (むすこ)
딸	娘 (むすめ)	娘さん (むすめ)

3 명사 활용표

구분		현재	과거
긍정형	정중체	学生(がくせい)です	学生(がくせい)でした
	보통체	学生(がくせい)だ	学生(がくせい)だった
부정형	정중체	学生(がくせい)ではありません 学生(がくせい)じゃないです	学生(がくせい)ではありませんでした 学生(がくせい)じゃなかったです
	보통체	学生(がくせい)ではない	学生(がくせい)ではなかった
연결형		学生(がくせい)で	

4 형용사 활용표

❶ い형용사

구분		현재	과거
긍정형	정중체	おいしいです	おいしかったです
	보통체	おいしい	おいしかった
부정형	정중체	おいしくありません おいしくないです	おいしくありませんでした おいしくなかったです
	보통체	おいしくない	おいしくなかった
연결형		おいしくて	

❷ な형용사

구분		현재	과거
긍정형	정중체	静かです	静かでした
	보통체	静かだ	静かだった
부정형	정중체	静かではありません 静かじゃないです	静かではありませんでした 静かじゃなかったです
	보통체	静かではない	静かではなかった
연결형		静かで	

5 동사 활용표

구분		현재	~ます (~입니다)	~ました (~였습니다)	~ません (~지 않습니다)	동사의 て형 (~하고, ~해서)	동사의 た형 (~했다)	동사의 ない형 (~지 않다)
1그룹동사 (5단동사)		書く 쓰다	かきます	かきました	かきません	かいて	かいた	かかない
		泳ぐ 헤엄치다	およぎます	およぎました	およぎません	およいで	およいだ	およがない
		行く 가다	いきます	いきました	いきません	いって	いった	いかない
		買う 사다	かいます	かいました	かいません	かって	かった	かわない
		待つ 기다리다	まちます	まちました	まちません	まって	まった	またない
		作る 만들다	つくります	つくりました	つくりません	つくって	つくった	つくらない
		死ぬ 죽다	しにます	しにました	しにません	しんで	しんだ	しなない
		遊ぶ 놀다	あそびます	あそびました	あそびません	あそんで	あそんだ	あそばない
		飲む 마시다	のみます	のみました	のみません	のんで	のんだ	のまない
		話す 이야기하다	はなします	はなしました	はなしません	はなして	はなした	はなさない
2그룹동사 (1단동사)		見る 보다	みます	みました	見ません	みて	みた	みない
		食べる 먹다	たべます	たべました	食べません	たべて	たべた	たべない
3그룹동사 (불규칙동사)		来る 오다	きます	きました	きません	きて	きた	こない
		する 하다	します	しました	しません	して	した	しない

6 본문 회화 해석 및 연습문제 해답

03 よろしく お願いします

본문 해석

회화 ❶
다나카 : 처음 뵙겠습니다. 저는 다나카입니다. 잘 부탁합니다.
이주노 : 처음 뵙겠습니다. 이(주노)입니다. 저야말로 잘 부탁합니다.

회화 ❷
다나카 : 이(주노) 씨, 나라는 어딘가요?
이주노 : 한국입니다.
다나카 : 그래요? 학생인가요?
이주노 : 네, 그렇습니다. 다나카 씨도 학생입니까?
다나카 : 아니요, 저는 학생이 아니에요. 회사원이에요.

구문연습

1 ① 李さんは 韓国人です。
   ② 田中さんは 日本人です。
   ③ 木村さんは 学生です。
   ④ 金さんは 医者です。

2 ① A：韓国人ですか。
      B₁：はい、韓国人です。
      B₂：いいえ、韓国人では ありません。
   ② A：日本人ですか。
      B₁：はい、日本人です。
      B₂：いいえ、日本人では ありません。
   ③ A：学生ですか。
      B₁：はい、学生です。
      B₂：いいえ、学生では ありません。
   ④ A：銀行員ですか。
      B₁：はい、銀行員です。
      B₂：いいえ、銀行員では ありません。

3 ① 田中さんは 会社員で、東京出身です。
   ② 金さんは 医者で、釜山出身です。
   ③ 木村さんは 先生で、大阪出身です。
   ④ 朴さんは 銀行員で、大邱出身です。

4 ① 李さんは 韓国人です。
      金さんも 韓国人です。
   ② 木村さんは 学生です。
      小田さんも 学生です。
   ③ 佐藤さんは 日本人です。
      木村さんも 日本人です。
   ④ ヤンさんは 留学生です。
      李さんも 留学生です。

회화연습

1 ① A：はじめまして。金です。どうぞ よろしく お願いします。
      B：はじめまして。佐藤です。こちらこそ よろしく お願いします。
   ② A：はじめまして。小田です。どうぞ よろしく お願いします。
      B：はじめまして。朴です。こちらこそ よろしく お願いします。
   ③ A：はじめまして。ヤンです。どうぞ よろしく お願いします。
      B：はじめまして。渡辺です。こちらこそ よろしく お願いします。

2 ① A：渡辺さんは 先生ですか。
      B：はい、渡辺さんは 先生です。
      A：そうですか。鈴木さんも 先生ですか。
      B：いいえ、鈴木さんは 先生では ありません。学生です。
   ② A：朴さんは 韓国人ですか。
      B：はい、朴さんは 韓国人です。
      A：そうですか。チョウさんも 韓国人ですか。
      B：いいえ。チョウさんは 韓国人では ありません。中国人です。
   ③ A：呉さんは 医者ですか。
      B：はい、呉さんは 医者です。
      A：そうですか。姜さんも 医者ですか。
      B：いいえ、姜さんは 医者では ありません。看護師です。

04 それは 何ですか

본문 해석

회화 ❶
이주노 : 그것은 무엇입니까?
다나카 : 이건 일본 술이에요. 자, 드세요.
이주노 : 제 컵은 어느 겁니까?

다나카: 저, 이게 이(주노) 씨의 컵이에요.
이주노: 감사합니다.

회화 ❷

이주노: 저 사람은 누군가요?
다나카: 사토 씨예요.
―――――――――――――
다나카: 사토 씨, 이쪽은 유학생인 이(주노) 씨예요.
이주노: 처음 뵙겠습니다. 이(주노)입니다.
사토: 사토입니다. 잘 부탁드립니다. 이(주노) 씨는 어디 학생입니까?
이주노: 세계대학입니다.

구문연습

1. ① A：それは 何ですか。
      B：これは 本です。
   ② A：あれは 何ですか。
      B：あれは 雑誌です。
   ③ A：これは 何ですか。
      B：それは 時計です。
   ④ A：それは 何ですか。
      B：これは 塩です。

2. ① ここは 銀行です。
   ② そこは トイレです。
   ③ あそこは コンビニです。
   ④ ここは 郵便局です。

3. ① それは 先生の 時計です。
      その 時計は 先生のです。
   ② あれは 田中さんの 雑誌です。
      あの 雑誌は 田中さんのです。
   ③ それは 私の かばんです。
      その かばんは 私のです。
   ④ あれは 金さんの 車です。
      あの 車は 金さんのです。

4. ① A：どちらの お酒ですか。
      B：韓国の お酒です。
   ② A：どちらの 車ですか。
      B：日本の 車です。
   ③ A：どちらの 社員ですか。
      B：ミライ自動車の 社員です。
   ④ A：どちらの パソコンですか。
      B：ユーメイ電子の パソコンです。

회화연습

1. ① A：それは 誰の 時計ですか。
      B：これは 私の 時計です。
      A：金さんの 時計は どれですか。
      B：これが 金さんの 時計です。
   ② A：それは 誰の 雑誌ですか。
      B：これは 私の 雑誌です。
      A：金さんの 雑誌は どれですか。
      B：それが 金さんの 雑誌です。
   ③ A：それは 誰の 車ですか。
      B：これは 私の 車です。
      A：金さんの 車は どれですか。
      B：あれが 金さんの 車です。

2. ① A：あの 人は 誰ですか。
      B：李さんです。
      A：朴さんは どこですか。
      B：朴さんは ここです。
   ② A：あの 人は 誰ですか。
      B：小田さんです。
      A：木村さんは どこですか。
      B：木村さんは そこです。
   ③ A：あの 人は 誰ですか。
      B：スミスさんです。
      A：ブラウンさんは どこですか。
      B：ブラウンさんは あそこです。

05 授業は 何時からですか

본문 해석

회화 ❶

기무라: 영어 수업은 무슨 요일인가요?
이주노: 수요일입니다.
기무라: 수업은 몇 시부터입니까?
이주노: 9시부터입니다.

회화 ❷

기무라: 어제 아르바이트는 몇 시까지였나요?
이주노: 8시까지였습니다.
기무라: 아르바이트는 매일인가요?
이주노: 아니요, 토요일과 일요일은 휴일입니다.

구문연습

1　① 火曜日でした。
　　② 月曜日です。
　　③ 水曜日でした。
　　④ 土曜日です。

2　① A：今 何時 何分ですか。
　　　 B：1時 40分(いちじ よんじゅっぷん)です。
　　② A：今 何時 何分ですか。
　　　 B：6時 25分(ろくじ にじゅうごふん)です。
　　③ A：今 何時 何分ですか。
　　　 B：4時 50分(よじ ごじゅっぷん)です。
　　④ A：今 何時 何分ですか。
　　　 B：9時 5分(くじ ごふん)です。

3　① 学校は 月曜日から 金曜日までです。
　　② 会議は 1時から 3時までです。
　　③ 仕事は 午前 8時30分から 午後 4時 30分までです。
　　④ アルバイトは 金曜日から 日曜日までです。

4　① A：昨日は テストでしたか。
　　　 B₁：はい、テストでした。
　　　 B₂：いいえ、テストでは ありませんでした。
　　② A：今日は 仕事でしたか。
　　　 B₁：はい、仕事でした。
　　　 B₂：いいえ、仕事では ありませんでした。
　　③ A：火曜日は 会議でしたか。
　　　 B₁：はい、会議でした。
　　　 B₂：いいえ、会議では ありませんでした。
　　④ A：おとといは 雨でしたか。
　　　 B₁：はい、雨でした。
　　　 B₂：いいえ、雨では ありませんでした。

회화연습

1　① A：すみません。今 何時ですか。
　　　 B：11時です。
　　　 A：授業は 何時からですか。
　　　 B：12時からです。
　　② A：すみません。今 何時ですか。
　　　 B：1時です。
　　　 A：アルバイトは 何時からですか。
　　　 B：7時からです。
　　③ A：すみません。今 何時ですか。
　　　 B：3時です。
　　　 A：会議は 何時からですか。
　　　 B：5時からです。

2　① A：今日 仕事は 休みですか。
　　　 B：いいえ、休みでは ありません。
　　　 A：休みは 何曜日ですか。
　　　 B：月曜日と 水曜日です。
　　② A：今日 会社は 休みですか。
　　　 B：いいえ、休みでは ありません。
　　　 A：休みは 何曜日ですか。
　　　 B：火曜日と 木曜日です。
　　③ A：今日 アルバイトは 休みですか。
　　　 B：いいえ、休みでは ありません。
　　　 A：休みは 何曜日ですか。
　　　 B：水曜日と 日曜日です。

06 日本語の 勉強は おもしろいです

본문 해석

회화 ❶
사토：　일본어 공부는 어떻습니까?
이주노：　재미있습니다. 하지만 조금 어렵습니다.
사토：　일본어 선생님은 어떤 분인가요?
이주노：　상냥하고 예쁜 분입니다.

회화 ❷
다나카：　그런데, 이(주노) 씨 생일은 언제입니까?
이주노：　4월 15일입니다.
다나카：　그래요? 저도 4월생입니다.
이주노：　정말입니까? 며칠이에요?
다나카：　20일입니다.

구문연습

1　① はい、おいしいです。
　　　 いいえ、おいしく ありません。
　　② はい、いいです。
　　　 いいえ、よく ありません。
　　③ はい、有名です。
　　　 いいえ、有名では ありません。
　　④ はい、静かです。
　　　 いいえ、静かでは ありません。

2　① この 部屋は 暗くて 寒いです。
　　② この お菓子は 甘くて おいしいです。

③ 小田さんは ハンサムで すてきです。
④ おきなわの 海は きれいで 暖かいです。

3 ① A：田中さんの 車は どんな 車ですか。
　　B：新しい 車です。
② A：京都は どんな ところですか。
　　B：きれいな ところです。
③ A：李さんの 部屋は どんな 部屋ですか。
　　B：広い 部屋です。
④ A：朴さんは どんな 人ですか。
　　B：親切な 人です。

4 ① A：何月 何日ですか。
　　B：12月 8日(じゅうにがつ ようか)です。
② A：何月 何日ですか。
　　B：1月 10日(いちがつ とおか)です。
③ A：何月 何日ですか。
　　B：6月 29日(ろくがつ にじゅうくにち)です。
④ A：何月 何日ですか。
　　B：7月 14日(しちがつ じゅうよっか)です。

회화연습

1 ① A：北海道は どうですか。
　　B：少し 寒いです。
　　A：そうですか。
　　B：でも、とても きれいです。
② A：韓国の キムチは どうですか。
　　B：少し 辛いです。
　　A：そうですか。
　　B：でも、とても おいしいです。
③ A：新しい 部屋は どうですか。
　　B：少し 狭いです。
　　A：そうですか。
　　B：でも、とても 静かです。

2 ① A：誕生日は いつですか。
　　B：11月 1日です。Aさんは いつですか。
　　A：8月 2日です。
　　B：そうですか。来月ですか。
② A：誕生日は いつですか。
　　B：10月 15日です。Aさんは いつですか。
　　A：7月 30日です。
　　B：そうですか。あさってですか。
③ A：誕生日は いつですか。
　　B：1月 10日です。Aさんは いつですか。

　　A：4月 6日です。
　　B：そうですか。もうすぐですか。

07 コーヒーと お茶と どちらが 好きですか

본문 해석

회화 ❶
다나카: 생일 파티는 즐거웠나요?
이주노: 네. 매우 떠들썩했습니다.
다나카: 좋았겠네요. 요리는 어땠나요?
이주노: 양은 많지 않았지만, 맛있었습니다.

회화 ❷
이주노: 다나카 씨는 커피와 차 중에서 어느 쪽을 좋아합니까?
다나카: 커피보다 차 쪽을 좋아해요.
이주노: 차 중에서 뭘 가장 좋아합니까?
다나카: 홍차를 가장 좋아해요. 향이 좋으니까요.

구문연습

1 ① 金さんは 日本語が 上手です。
② 私は 野球が 下手です。
③ 小田さんは お酒が 大好きです。
④ 木村さんは 猫が 嫌いです。

2 ① 早かったです。
　　早く ありませんでした。
② よかったです。
　　よく ありませんでした。
③ 元気でした。
　　元気では ありませんでした。
④ 暇でした。
　　暇では ありませんでした。

3 ① A：果物の 中で 何が 一番 好きですか。
　　B：りんごが 一番 好きです。
② A：スポーツの 中で 何が 一番 おもしろいですか。
　　B：サッカーが 一番 おもしろいです。
③ A：外国語の 中で 何が 一番 難しいですか。
　　B：英語が 一番 難しいです。
④ A：会社の 中で 誰が 一番 歌が 上手ですか。
　　B：田中さんが 一番 上手です。

4 ① 日本語の 勉強は 難しいですが、おもしろいです。
② 仕事は 忙しいですが、楽しいです。

③ この 部屋は きれいですが、狭いです。
④ あの 店は おいしいですが、少し 高いです。

회화연습

1 ① A：りんごと みかんと どちらが 好きですか。
　　　B：私は りんごより みかんの 方が 好きです。
　　② A：サッカーと 野球と どちらが 好きですか。
　　　B：私は サッカーより 野球の 方が 好きです。
　　③ A：犬と 猫と どちらが 好きですか。
　　　B：私は 犬より 猫の 方が 好きです。

2　① A：北海道は どうでしたか。
　　　B：とても 楽しかったです。
　　　A：そうですか。寒かったですか。
　　　B：いいえ、あまり 寒く ありませんでした。
　　② A：李さんの うちは どうでしたか。
　　　B：とても きれいでした。
　　　A：そうですか。広かったですか。
　　　B：いいえ、あまり 広く ありませんでした。
　　③ A：パーティーは どうでしたか。
　　　B：とても よかったです。
　　　A：そうですか。にぎやかでしたか。
　　　B：いいえ、あまり にぎやかでは ありませんでした。

08 ホテルで 食事を します

본문 해석

회화 ❶
오다： 이(주노) 씨, 집에 돌아갑니까?
이주노： 아니요, 아직 가지 않습니다. 신주쿠에 갑니다.
오다： 신주쿠에서 뭘 합니까?
이주노： 친구를 만납니다. 그러고 나서 호텔에서 식사를 합니다.

회화 ❷
이주노： 국제호텔까지 부탁합니다.
운전기사：네. 알겠습니다.
이주노： 호텔까지 어느 정도 걸립니까?
운전기사：평일은 길이 막히지 않으니까 10분 정도입니다.
―――――――――――
이주노： 얼마입니까?
운전기사：2천 엔입니다.

구문연습

1 ① 京都へ 行きます。
　　② テレビを 見ます。
　　③ 東京へ 帰ります。
　　④ 音楽を 聞きます。

2　① A：うちへ 帰りますか。
　　　B₁：はい、帰ります。
　　　B₂：いいえ、帰りません。
　　② A：お手洗いへ 行きますか。
　　　B₁：はい、行きます。
　　　B₂：いいえ、行きません。
　　③ A：ご飯を 食べますか。
　　　B₁：はい、食べます。
　　　B₂：いいえ、食べません。
　　④ A：英語を 勉強しますか。
　　　B₁：はい、勉強します。
　　　B₂：いいえ、勉強しません。

3　① A：どこで 朴さんに 会いますか。
　　　B：駅で 会います。
　　② A：どこで 食事を しますか。
　　　B：レストランで します。
　　③ A：どこで 雑誌を 買いますか。
　　　B：本屋で 買います。
　　④ A：どこで DVDを 見ますか。
　　　B：図書館で 見ます。

4　① A：いくらですか。
　　　B：120(ひゃくにじゅう)円です。
　　② A：いくらですか。
　　　B：4,300(よんせんさんびゃく)円です。
　　③ A：いくらですか。
　　　B：8,950(はっせんきゅうひゃくごじゅう)円です。
　　④ A：いくらですか。
　　　B：14,200(いちまんよんせんにひゃく)円です。

회화연습

1 ① A：Bさん、どこへ 行きますか。
　　　B：駅へ 行きます。Aさんは 何を しますか。
　　　A：友だちに 会います。
　　② A：Bさん、どこへ 行きますか。
　　　B：うちへ 帰ります。Aさんは 何を しますか。
　　　A：友だちと 食事します。
　　③ A：Bさん、どこへ 行きますか。

B：学校へ 行きます。Aさんは 何を しますか。
　　A：新宿で 映画を 見ます。
2　① A：すみません。東京まで いくらですか。
　　B：1,600円です。
　　A：何時間ぐらい かかりますか。
　　B：1時間 40分ぐらいです。
　② A：すみません。富士山まで いくらですか。
　　B：2,700円です。
　　A：何時間ぐらい かかりますか。
　　B：2時間 20分ぐらいです。
　③ A：すみません。神戸まで いくらですか。
　　B：8,800円です。
　　A：何時間ぐらい かかりますか。
　　B：9時間半ぐらいです。

09 デパートは どこに ありますか

본문 해석

회화 ❶
다나카 : 여보세요, 이(주노) 씨 어디에 있나요?
이주노 : 시부야역 근처에 있습니다. 다나카 씨는 어디입니까?
다나카 : 백화점 앞에 있어요.
이주노 : 알겠습니다. 금방 가겠습니다.

회화 ❷
이주노 : 실례합니다. 백화점은 어디에 있습니까?
통행인 : 백화점 말인가요? 저어, 저 건물 뒤에 있습니다.
이주노 : 저 흰 건물이요?
통행인 : 아니요, 하얀 것이 아니고, 그 오른쪽 건물이요.
이주노 : 아, 저거군요.

구문연습

1　① あそこに 金さんが います。
　② 部屋に 朴さんが います。
　③ 冷蔵庫に ジュースが あります。
　④ 公園に ベンチが あります。
2　① 金さんの 右に 朴さんが います。
　② 本屋の となりに 花屋が あります。
　③ 田中さんの 後ろに 佐藤さんが います。
　④ ポケットの 中に 携帯電話が あります。
3　① 病院は 郵便局の となりに あります。
　② 子供は 部屋の 外に います。
　③ お弁当は かばんの 中に あります。
　④ 佐藤さんは エレベーターの 前に います。
4　① A：どんな 車が いいですか。
　　B：小さい のが いいです。
　② A：どんな 花が いいですか。
　　B：赤い のが いいです。
　③ A：どんな 歌が いいですか。
　　B：静かな のが いいです。
　④ A：どんな 携帯電話が いいですか。
　　B：簡単な のが いいです。

회화연습

1　① A：かばんの 中に 何が ありますか。
　　B：財布が あります。
　　A：携帯電話は どこに ありますか。
　　B：椅子の 上に あります。
　② A：テーブルの 上に 何が ありますか。
　　B：みかんが あります。
　　A：りんごは どこに ありますか。
　　B：冷蔵庫の 中に あります。
　③ A：学校の 前に 何が ありますか。
　　B：本屋が あります。
　　A：花屋は どこに ありますか。
　　B：郵便局と 銀行の 間に あります。
2　① A：いらっしゃいませ。
　　B：すみません。その 服を ください。
　　A：この 白い 服ですか。
　　B：いいえ、白い のでは なくて、その 上の 黒い 服です。
　② A：いらっしゃいませ。
　　B：すみません。その かばんを ください。
　　A：この 大きい かばんですか。
　　B：いいえ、大きい のでは なくて、その 右の 小さい かばんです。
　③ A：いらっしゃいませ。
　　B：すみません。その 帽子を ください。
　　A：この 青い 帽子ですか。
　　B：いいえ、青い のでは なくて、その 下の 茶色い 帽子です。

10 シャツを 2枚 買いました

본문 해석

회화 ❶
오다: 어제 어딘가에 갔습니까?
이주노: 네. 백화점에 쇼핑을 하러 갔습니다.
오다: 그래요? 뭔가 샀습니까?
이주노: 네. 셔츠를 2장 샀습니다.

회화 ❷
이주노: 오다 씨는 어제 뭘 했습니까?
오다: 친구와 술을 마셨습니다.
이주노: 많이 마셨습니까?
오다: 아니요. 둘이서 1병밖에 마시지 않았습니다.

구문연습

1　① A：ご飯を 食べましたか。
　　　B₁：はい、食べました。
　　　B₂：いいえ、食べませんでした。
　② A：音楽を 聞きましたか。
　　　B₁：はい、聞きました。
　　　B₂：いいえ、聞きませんでした。
　③ A：新聞を 読みましたか。
　　　B₁：はい、読みました。
　　　B₂：いいえ、読みませんでした。
　④ A：学校へ 来ましたか。
　　　B₁：はい、来ました。
　　　B₂：いいえ、来ませんでした。

2　① 新宿へ 映画を 見に 行きます。
　② 友だちの 家へ 遊びに 行きます。
　③ 図書館へ 本を 借りに 行きます。
　④ プールへ 泳ぎに 行きます。

3　① A：何か 食べますか。
　　　B：いいえ、何も 食べません。
　② A：誰か いますか。
　　　B：いいえ、誰も いません。
　③ A：どこか 出かけますか。
　　　B：いいえ、どこ(へ)も 出かけません。
　④ A：何か 買いますか。
　　　B：いいえ、何も 買いません。

4　① A：傘を 何本 買いましたか。
　　　B：1本しか 買いませんでした。
　② A：レポートを 何枚 書きましたか。
　　　B：3枚しか 書きませんでした。
　③ A：友だちを 何人 呼びましたか。
　　　B：5人しか 呼びませんでした。
　④ A：ボールペンを 何本 買いましたか。
　　　B：2本しか 買いませんでした。

회화연습

1　① A：昨日 何を しましたか。
　　　B：友だちと お酒を 飲みました。Aさんは 何を しましたか。
　　　A：渋谷へ 映画を 見に 行きました。
　② A：昨日 何を しましたか。
　　　B：李さんと 食事しました。Aさんは 何を しましたか。
　　　A：友だちの 家へ 遊びに 行きました。
　③ A：昨日 何を しましたか。
　　　B：金さんと 鎌倉へ 行きました。Aさんは 何を しましたか。
　　　A：プールへ 泳ぎに 行きました。

2　① A：その タオルは いくらですか。
　　　B：5枚で 1,000円です。
　　　A：じゃ、10枚 ください。
　　　B：ありがとう ございます。全部で 2,000円です。
　② A：その 鉛筆は いくらですか。
　　　B：10本で 400円です。
　　　A：じゃ、20本 ください。
　　　B：ありがとう ございます。全部で 800円です。
　③ A：その おにぎりは いくらですか。
　　　B：2つで 300円です。
　　　A：じゃ、4つ ください。
　　　B：ありがとう ございます。全部で 600円です。

11 お土産が 買いたいです

본문 해석

회화 ❶
기무라: 이(주노) 씨는 몇 개월 전에 일본에 왔나요?
이주노: 3개월 전에 왔습니다.
기무라: 그래요? 언제 한국에 돌아가나요?
이주노: 다음 주 금요일부터 1주일만 돌아갑니다.
기무라: 그거 기다려지겠네요.

회화 ❷

이주노: 한국에 있는 친구에게 줄 선물을 사고 싶습니다. 어디 좋은 가게 없습니까?
기무라: 선물 말인가요? 어떤 게 좋아요?
이주노: 작고 귀여운 소품을 원합니다.
기무라: 그렇다면 '유메야'는 어때요? 일본풍의 손수건이나 액세서리가 여러 가지 있어요.

구문연습

1　① A：何が　ほしいですか。
　　　B：パソコンが　ほしいです。
　② A：何が　ほしいですか。
　　　B：時計が　ほしいです。
　③ A：何が　ほしいですか。
　　　B：指輪が　ほしいです。
　④ A：何が　ほしいですか。
　　　B：お金が　ほしいです。

2　① 少し　休みたいです。
　② 牛乳が　飲みたいです。
　③ おいしい　パンが　食べたいです。
　④ アルバイトが　したいです。

3　① A：いつ　日本へ　来ましたか。
　　　B：去年の　10月に　来ました。
　② A：いつ　テストが　ありますか。
　　　B：来週の　火曜日に　あります。
　③ A：いつ　大学を　卒業しましたか。
　　　B：5年前に　卒業しました。
　④ A：いつ　うちを　出ましたか。
　　　B：朝　8時に　出ました。

4　① A：何週間　旅行しますか。
　　　B：1週間　旅行します。
　② A：何ヵ月　休みましたか。
　　　B：2ヵ月　休みました。
　③ A：何週間　泊まりますか。
　　　B：3週間　泊まります。
　④ A：何年間　中国に　いますか。
　　　B：4年間　います。

회화연습

1　① A：Bさん、何が　読みたいですか。
　　　B：雑誌が　読みたいです。
　　　A：新聞も　読みますか。
　　　B：いいえ、雑誌だけ　読みます。

　② A：Bさん、何が　飲みたいですか。
　　　B：コーヒーが　飲みたいです。
　　　A：水も　飲みますか。
　　　B：いいえ、コーヒーだけ　飲みます。
　③ A：Bさん、何が　買いたいですか。
　　　B：机が　買いたいです。
　　　A：椅子も　買いますか。
　　　B：いいえ、机だけ　買います。

2　① A：いつ　アメリカに　行きましたか。
　　　B：5年前に　行きました。
　　　A：アメリカに　どのぐらい　いましたか。
　　　B：6ヵ月ぐらいです。
　② A：いつ　中国に　行きましたか。
　　　B：大学生の　ときに　行きました。
　　　A：中国に　どのぐらい　いましたか。
　　　B：2ヵ月ぐらいです。
　③ A：いつ　フランスに　行きましたか。
　　　B：去年の　夏に　行きました。
　　　A：フランスに　どのぐらい　いましたか。
　　　B：3週間ぐらいです。

12　気を　つけて　帰って　ください

본문 해석

회화 ❶

기무라: 안녕하세요. 어서 들어오세요.
이주노: 실례하겠습니다.

―――――――――――――――

이주노: 와, 진수성찬이네요.
기무라: 어머니와 함께 만들었어요. 자, 먹죠.
이주노: 잘 먹겠습니다.

회화 ❷

이주노: 오늘은 잘 먹었습니다. 다음에는 제가 한국요리를 만들어서 기무라 씨들을 초대하겠습니다.
기무라: 정말요? 기대되네요. 집까지 배웅할까요?
이주노: 아니요, 괜찮습니다. 거기 책방에 들렀다 가겠습니다.
기무라: 그래요? 조심해서 돌아가세요.

구문연습

1　① 読んで
　② 持って
　③ 教えて
　④ 来て

2　① 7時に 起きて、朝ご飯を 食べます。
　　② 薬を 飲んで、寝ます。
　　③ 歯を 磨いて、顔を 洗います。
　　④ 図書館へ 行って、宿題を します。

3　① 友だちと 話してから、うちへ 帰ります。
　　② 部屋を 掃除してから、出かけます。
　　③ 少し 休んでから、授業を 始めます。
　　④ 野菜を 切ってから、肉を 切ります。

4　① ここに 座って ください。
　　② 荷物を 持って ください。
　　③ ここに 名前を 書いて ください。
　　④ 電話番号を 調べて ください。

회화연습

1　① A：何か 手伝いましょうか。
　　　 B：じゃ、荷物を 持って ください。
　　　 A：あの かばんも 持ちましょうか。
　　　 B：いいえ、あの かばんは いいです。
　　② A：何か 手伝いましょうか。
　　　 B：じゃ、塩を 取って ください。
　　　 A：砂糖も 取りましょうか。
　　　 B：いいえ、砂糖は いいです。
　　③ A：何か 手伝いましょうか。
　　　 B：じゃ、住所を 調べて ください。
　　　 A：電話番号も 調べましょうか。
　　　 B：いいえ、電話番号は いいです。

2　① A：うちを 出てから 何を しましたか。
　　　 B：駅まで 歩いて、バスに 乗りました。
　　② A：うちへ 帰ってから 何を しましたか。
　　　 B：本を 読んで、寝ました。
　　③ A：仕事が 終わってから 何を しましたか。
　　　 B：友だちと 食事を して、カラオケに 行きました。

13 あそこで 本を 読んで います

본문 해석

회화 ❶

오다：　　이(주노) 씨, 제 남동생을 소개할게요.
이주노：　남동생? 어디에 있습니까?
오다：　　지금 저기에서 책을 읽고 있습니다.
이주노：　안경을 쓰고 있습니까?

오다：　　아니요, 파란 셔츠를 입고 모자를 쓰고 있습니다.
이주노：　아, 저 사람이군요.

회화 ❷

오다：　　이(주노) 씨는 형제가 있습니까?
이주노：　네. 형과 여동생이 있습니다.
오다：　　그래요? 여동생은 몇 살입니까?
이주노：　19살입니다. 대학에서 중국어를 공부하고 있습니다.
오다：　　형님은 결혼하셨습니까?
이주노：　아니요, 독신입니다. 은행에서 일하고 있습니다.

구문연습

1　① A：Bさんの お母さんですか。
　　　 B：はい、私の 母です。
　　② A：Bさんの お姉さんですか。
　　　 B：はい、私の 姉です。
　　③ A：Bさんの お祖母さんですか。
　　　 B：はい、私の 祖母です。
　　④ A：Bさんの お兄さんですか。
　　　 B：はい、私の 兄です。

2　① A：今 何を して いますか。
　　　 B：ご飯を 食べて います。
　　② A：今 何を して いますか。
　　　 B：お酒を 飲んで います。
　　③ A：今 何を して いますか。
　　　 B：料理を 作って います。
　　④ A：今 何を して いますか。
　　　 B：絵葉書を 書いて います。

3　① 金さんは めがねを かけて います。
　　② 金さんは 白い セーターを 着て います。
　　③ 金さんは 黒い ズボンを はいて います。
　　④ 金さんは 東京に 住んで います。

4　① 朴さんは 毎日 タイ料理を 習って います。
　　② 父は 毎晩 ジョギングを して います。
　　③ 私は 毎朝 野菜ジュースを 飲んで います。
　　④ 木村さんは いつも この ドラマを 見て います。

회화연습

1　① A：田中さんは どこに いますか。
　　　 B：今、友だちと お茶を 飲んで います。
　　② A：金さんは どこに いますか。
　　　 B：今、近所を 散歩して います。
　　③ A：山田さんは どこに いますか。

B：今、部屋で メールを 書いて います。
2　① A：Bさんは、何人家族ですか。
　　　B：4人です。母と 弟 2人と 私です。
　　　A：そうですか。お母さんは 何を して いますか。
　　　B：高校で 教えて います。
　　② A：Bさんは、何人家族ですか。
　　　B：3人です。そぼと 父と 私です。
　　　A：そうですか。お父さんは 何を して いますか。
　　　B：銀行に 勤めて います。
　　③ A：Bさんは、何人家族ですか。
　　　B：4人です。父と 母と 姉と 私です。
　　　A：そうですか。お姉さんは 何を して いますか。
　　　B：大学で 勉強して います。

14　お台場へ 行った ことが ありますか

본문 해석

회화 ❶
기무라 : 이(주노) 씨, 오다이바에 간 적이 있습니까?
이주노 : 아니요. 아직 간 적이 없습니다.
기무라 : 그래요? 그럼, 오늘 오후에 같이 가지 않겠습니까?
이주노 : 네. 그럼, 2시쯤 여기서 만납시다.

회화 ❷
오다 : 오늘 오후, 같이 도서관에서 공부하지 않을래요?
이주노 : 미안합니다. 오늘은 좀….
오다 : 볼일이 있나요?
이주노 : 네. 수업이 끝난 후에 친구와 오다이바에 갈 예정입니다.
기무라 : 좋겠네요. 자동차로 가나요?
이주노 : 아니요, 전철로 갑니다.

구문연습

1　① この 本を 読んだ ことが あります。
　② パソコンを 使った ことが あります。
　③ この 料理を 食べた ことが あります。
　④ ここへ 来た ことが あります。
2　① 授業が 終わった あとで、買い物を します。
　② 意味を 調べた あとで、辞書を 返します。
　③ テストの あとで、映画を 見ます。
　④ パーティーの あとで、デートを します。

3　① 昼ご飯を 食べませんか。
　② 映画を 見ませんか。
　③ テニスを しませんか。
　④ 散歩しませんか。
4　① 6時に 友だちと 会う 予定です。
　② 20分後に 飛行機が 到着する 予定です。
　③ 出発は 午後 3時の 予定です。
　④ 会議に 出席する 予定です。

회화연습

1　① A：もう シャワーを 浴びましたか。
　　　B：いいえ、まだ 浴びて いません。ご飯を 食べた あとで、浴びます。
　② A：もう レポートを 書きましたか。
　　　B：いいえ、まだ 書いて いません。この 雑誌を 読んだ あとで、書きます。
　③ A：もう 電話を しましたか。
　　　B：いいえ、まだ して いません。メールを 書いた あとで、します。
2　① A：この 映画を 見た ことが ありますか。
　　　B：はい、見た ことが あります。
　　　A：いつごろ 見ましたか。
　　　B：1年前に 見ました。
　② A：高橋さんに 会った ことが ありますか。
　　　B：はい、会った ことが あります。
　　　A：いつごろ 会いましたか。
　　　B：2ヵ月前に 会いました。
　③ A：この 話を 聞いた ことが ありますか。
　　　B：はい、聞いた ことが あります。
　　　A：いつごろ 聞きましたか。
　　　B：1週間前に 聞きました。

15　テレビを 見たり、インターネットを したり します

본문 해석

회화 ❶
사토 : 일요일에 뭘 했습니까?
이주노 : 텔레비전을 보거나 인터넷을 하거나 했습니다. 사토 씨는요?
사토 : 카페에 가서 커피를 마시며 책을 읽었습니다.
이주노 : 그래요? 저도 가끔 카페에서 만화를 봅니다.

회화 ❷

이주노 : 사토 씨는 스포츠는 합니까?
사토 : 스포츠 센터에 가서 운동하고 있습니다.
이주노 : 1주일에 몇 번 정도 갑니까?
사토 : 1주일에 3일 정도 가고 있습니다. 이(주노) 씨는 뭔가 운동을 하고 있습니까?
이주노 : 밤에 자기 전에 30분 정도 조깅을 하고 있습니다.

구문연습

1 ① 掃除したり、洗濯したり します。
   ② CDを 聞いたり、漢字を 練習したり します。
   ③ 歌を 歌ったり、踊ったり します。
   ④ たばこを 吸ったり、お酒を 飲んだり します。

2 ① コーヒーを 飲みながら、仕事を します。
   ② 電話を しながら、歩きます。
   ③ ピアノを ひきながら、歌います。
   ④ MP3を 聞きながら、勉強します。

3 ① ご飯を 食べる 前に 手を 洗います。
   ② うちに 入る 前に 靴を 脱ぎます。
   ③ 授業の 前に 予習を します。
   ④ パーティーの 前に 料理を 作ります。

4 ① 1年に 3回ぐらい 旅行を します。
   ② 1週間に 2回ぐらい お酒を 飲みに 行きます。
   ③ 1ヵ月に 4回ぐらい 家族に 電話を します。
   ④ 1日に 5回ぐらい メールを チェックします。

회화연습

1 ① A：昨日 田中さんに 会いましたか。
     B：ええ。近所を 歩きながら 話しました。
   ② A：昨日 田中さんに 会いましたか。
     B：ええ。昼ご飯を 食べながら 話しました。
   ③ A：昨日 田中さんに 会いましたか。
     B：ええ。旅行の 写真を 見ながら 話しました。

2 ① A：学校へ 来る 前に 何を しましたか。
     B：本屋へ 行ったり、友だちに 会ったり しました。
   ② A：パーティーの 前に 何を しましたか。
     B：部屋を 掃除したり、料理を 作ったり しました。
   ③ A：テストの 前に 何を しましたか。
     B：教科書を 読んだり、漢字を 覚えたり しました。

16 飲み物は 飲まないで ください

본문 해석

회화 ❶

이주노 : 실례합니다. 여기에 앉아도 됩니까?
학생 : 아, 미안합니다. 거기는 제 자리니까 이쪽에 앉아 주세요.
이주노 : 네. 이 컴퓨터는 사용해도 됩니까?
학생 : 괜찮아요. 쓰세요.

회화 ❷

이주노 : 여기에서 음료를 마셔도 됩니까?
학생 : 아니요. 컴퓨터는 물에 약하기 때문에 음료는 마시지 마세요.
이주노 : 알겠습니다. 음식도 안 되겠군요.
학생 : 네. 그리고 큰 소리로 이야기해서는 안 됩니다.
이주노 : 그렇습니까? 조심하겠습니다.

구문연습

1 ① 買わない
   ② 勉強しない
   ③ 来ない
   ④ 出かけない

2 ① A：この 部屋で 食べ物を 食べても いいですか。
     B：いいえ、食べては いけません。
   ② A：テスト中に 辞書を 見ても いいですか。
     B：いいえ、見ては いけません。
   ③ A：美術館で 写真を 撮っても いいですか。
     B：いいえ、撮っては いけません。
   ④ A：運転しながら 電話を しても いいですか。
     B：いいえ、しては いけません。

3 ① この 部屋に 入らないで ください。
   ② 宿題を 忘れないで ください。
   ③ この ボタンを 押さないで ください。
   ④ 廊下を 走らないで ください。

4 ① 宿題が たくさん ありますから、図書館へ 行きます。
   ② 今日は 日曜日ですから、銀行は 休みです。
   ③ 雨が 降って いますから、タクシーで 行きましょう。
   ④ ここは 危ないですから、入らないで ください。

회화연습

1 ① A：どこかへ 出かけますか。
     B：いいえ、雨が 降って いますから、出かけません。

② A：この 本を 買いますか。
　 B：いいえ、今 お金が ありませんから、買いません。
③ A：仕事を して いますか。
　 B：いいえ、まだ 学生ですから、して いません。

2　① A：教室で 食べ物を 食べても いいですか。
　　 B：いいえ、食べ物は 食べないで ください。
　　 A：飲み物は 飲んでも いいですか。
　　 B：はい、飲み物は 飲んでも いいです。
　② A：美術館で 写真を 撮っても いいですか。
　　 B：いいえ、写真は 撮らないで ください。
　　 A：ビデオは 撮っても いいですか。
　　 B：はい、ビデオは 撮っても いいです。
　③ A：電車の 中で 電話を しても いいですか。
　　 B：いいえ、電話は しないで ください。
　　 A：メールは しても いいですか。
　　 B：はい、メールは しても いいです。

7 단어 색인

본서의 새로 나온 단어를 오십음도순으로 정리하였습니다. 학습에 참고하기 바랍니다.

あ

あ	아(감탄사)	16과
ああ	아(긍정, 승낙할 때)	9과
あいだ(間)	사이	9과
あう(会う)	만나다	8과
あおい(青い)	파랗다	9과
あかい(赤い)	붉다	9과
あかるい(明るい)	밝다, 명랑하다	6과
あきはばら(秋葉原)	아키하바라(지명)	10과
あく(開く)	열리다	13과
アクセサリー	액세서리	11과
あさ(朝)	아침	11과
あさごはん(朝ご飯)	아침밥	12과
あさって(明後日)	모레	5과
あした(明日)	내일	5과
あそこ	저기	4과
あそぶ(遊ぶ)	놀다	8과
あたたかい(暖かい)	따뜻하다	6과
あたま(頭)	머리	6과
あたらしい(新しい)	새롭다	6과
あちら	저쪽	4과
あつい(厚い)	두껍다	6과
あつい(熱い)	뜨겁다	6과
あつい(暑い)	덥다	7과
あに(兄)	형, 오빠	7과
あね(姉)	(나의) 언니, 누나	13과
あの	저	4과
あびる(浴びる)	뒤집어 쓰다	12과
あぶない(危ない)	위험하다	16과
あまい(甘い)	달다	6과
あまり	별로, 그다지	7과
あめ(雨)	비	5과
アメリカ	미국	11과
あらう(洗う)	씻다	12과
ありがとうございます	감사합니다	4과
ある	있다	9과
あるく(歩く)	걷다	8과
アルバイト	아르바이트	5과
あれ	저것	4과

い

いい	좋다, 괜찮다	12과
いいえ	아니요	3과
いえ(家)	집	6과
いく(行く)	가다	8과
いくつ	몇 개	10과
(お)いくつ／なんさい(何歳)	몇 살	13과
いくら	얼마	8과
いしゃ(医者)	의사	3과
いす(椅子)	의자	9과
いそがしい(忙しい)	바쁘다	7과
いたい(痛い)	아프다	16과
いただきます	잘 먹겠습니다	12과
いち(1)	1	5과
いちえん(1円)	1엔	8과
いちがつ(1月)	1월	6과
いちじ(1時)	1시	5과
いちじかん(1時間)	1시간	8과
いちど(一度)	한 번	14과
いちねん(かん)	1년간	11과
いちばん(一番)	가장, 제일	7과
いちまい	1장	10과
いちまん(10000)	10000	8과
いちまんえん(10,000円)	10,000엔	8과
いつ	언제	4과
いつか(5日)	5일	6과
いっかげつ(かん)	1개월간	11과
いつごろ	언제쯤	14과

いっさい(1歳/才)	1살	13과	えいご(英語)	영어	4과
いっしゅうかん(1週間)	일주일간	11과	ええ	예(상대방의 말에 긍정)	7과
いっしょに(一緒に)	함께	12과	ええと	저어	4과
いつつ	다섯	10과	えき(駅)	역	8과
いっぷん(1分)	1분	5과	えはがき(絵葉書)	그림엽서	13과
いっぽん(1本)	한 병	10과	エレベーター	엘리베이터	9과
いつも	항상	13과	えんぴつ(鉛筆)	연필	10과
いぬ(犬)	개	7과			
いま(今)	지금	5과	**お**		
いみ(意味)	의미	14과	おいくつ	몇 살, 몇 개	13과
いもうと(妹)	(나의) 여동생	13과	おいしい	맛있다	6과
いもうとさん(妹さん)	(타인의) 여동생	13과	おおい(多い)	많다	7과
イヤリング	귀걸이	13과	おおきい(大きい)	크다	6과
いらっしゃいませ	어서 오세요	9과	おおさか(大阪)	오사카(지명)	3과
いる	있다	9과	おかあさん(お母さん)	(타인의) 어머니	13과
いろ(色)	색, 색깔	9과	おかし(お菓子)	과자	6과
いろいろ	여러 가지	11과	おかね(お金)	돈	10과
インターネット	인터넷	15과	おきなわ	오키나와(지명)	6과
			おきる(起きる)	일어나다	8과
う			おくに(お国)	나라	3과
うえ(上)	위	9과	おくる(送る)	보내다	11과
うしろ(後ろ)	뒤	9과	おさけ(お酒)	술	4과
うすい(薄い)	얇다	6과	おじいさん(お祖父さん)	(타인의) 할아버지	13과
うた(歌)	노래	7과	おしえる(教える)	가르치다	8과
うたう(歌う)	노래하다	15과	おじゃまします	실례하겠습니다	12과
うち	집	7과	おす(押す)	누르다	16과
~うまれ(生まれ)	~생	6과	おそい(遅い)	늦다	6과
うみ(海)	바다	6과	おだいば(お台場)	오다이바(지명)	14과
うる(売る)	팔다	8과	おちゃ(お茶)	차	7과
うわぎ(上着)	상의	13과	おてあらい(お手洗い)	화장실	8과
うんてんしゅ(運転手)	운전 기사	8과	おとうさん(お父さん)	(타인의) 아버지	13과
うんてんする(運転する)	운전하다	16과	おとうと(弟)	(나의) 남동생	13과
うんどうする(運動する)	운동하다	15과	おとうとさん(弟さん)	(타인의) 남동생	13과
			おととい(一昨日)	그저께	5과
え			おどる(踊る)	춤추다	15과
			おにいさん(お兄さん)	(타인의) 형, 오빠	13과
えいが(映画)	영화	8과	おにぎり	주먹밥	10과

おねえさん(お姉さん)	(타인의) 언니, 누나	13과
おねがいします(お願いします)	부탁합니다	3과
おばあさん(お祖母さん)	(타인의) 할머니	13과
おべんとう(お弁当)	도시락	9과
おぼえる(覚える)	외우다	15과
おみやげ(お土産)	선물	11과
おもい(重い)	무겁다	6과
おもしろい	재미있다	6과
およぐ(泳ぐ)	수영하다	10과
おわる(終わる)	끝나다	12과
おんがく(音楽)	음악	8과
おんなのこ(女の子)	여자아이	11과

か

～か	～까?	3과
～が	～이/가	4과
～が	～이지만, ～인데	7과
かいぎ(会議)	회의	5과
がいこくご(外国語)	외국어	7과
かいしゃ(会社)	회사	5과
かいしゃいん(会社員)	회사원	3과
かいもの(買い物)	물건 사기, 쇼핑	10과
かいものをする(買い物をする)	물건을 사다	14과
かう(買う)	사다	8과
かえす(返す)	돌려주다	14과
かえる(帰る)	돌아가(오)다	8과
かお(顔)	얼굴	12과
かおり(香り)	향기	7과
かかる	걸리다	8과
かく(書く)	쓰다	8과
がくせい(学生)	학생	3과
かける	(안경을) 쓰다	13과
かさ(傘)	우산	10과
かぞく(家族)	가족	7과
がっこう(学校)	학교	4과
～かった	～했다	7과

かばん	가방	4과
かぶる	(모자를) 쓰다	13과
かまくら(鎌倉)	가마쿠라(지명)	10과
かみ(紙)	종이	14과
カメラ	카메라	9과
かようび(火曜日)	화요일	5과
～から	～부터	5과
～から	～(이)어서, ～때문에	7과
からい(辛い)	맵다	6과
カラオケ	노래방	7과
かりる(借りる)	빌리다	10과
かるい(軽い)	가볍다	6과
かれ(彼)	그, 그 사람	6과
カレンダー	달력	11과
かわいい	귀엽다	7과
かんこく(韓国)	한국	3과
かんこくご(韓国語)	한국어	16과
かんこくじん(韓国人)	한국인	3과
かんこくりょうり(韓国料理)	한국요리	7과
かんごし(看護師)	간호사	3과
かんじ(漢字)	한자	15과
かんたんだ(簡単だ)	간단하다	7과

き

きいろい(黄色い)	노랗다	9과
きく(聞く)	듣다, 묻다	8과
きたない(汚い)	더럽다	16과
きっさてん(喫茶店)	카페, 다방	15과
きのう(昨日)	어제	5과
キムチ	김치	6과
きゅうかげつ(かん)	9개월간	11과
きゅう・く(9)	9	5과
きゅうさい(9歳/才)	9살	13과
きゅうじゅう(90)	90	5과
きゅうしゅうかん	9주일간	11과
きゅうじゅっさい(90歳/才)	90살	13과

きゅうせん(9000)	9000	8과
きゅうひゃく(900)	900	8과
きゅうふん(9分)	9분	5과
ぎゅうにゅう(牛乳)	우유	11과
きゅうにん	9명	10과
きゅうねん(かん)	9년간	11과
きゅうほん	9병	10과
きゅうまい	9장	10과
きゅうまん(90000)	90000	8과
きょう(今日)	오늘	5과
きょうかしょ(教科書)	교과서	15과
きょうしつ(教室)	교실	4과
きょうだい(兄弟)	형제	13과
きょうと(京都)	교토(지명)	6과
きらいだ(嫌いだ)	싫어하다	7과
きる(着る)	입다	8과
きる(切る)	자르다	8과
きれいだ	예쁘다, 깨끗하다	6과
きをつける(気をつける)	조심하다	12과
ぎんこう(銀行)	은행	4과
ぎんこういん(銀行員)	은행원	3과
きんじょ(近所)	주변, 근처	13과

く

～くありませんでした	～하지 않았습니다	7과
くうこう(空港)	공항	8과
くがつ(9月)	9월	6과
くじ(9時)	9시	5과
くすり(薬)	약	12과
ください	주세요	9과
くだもの(果物)	과일	7과
くつ(靴)	신발, 구두	8과
くつした(靴下)	양말	13과
～くて	～하고, ～해서	6과
くらい(暗い)	어둡다	6과
く(ぐ)らい	정도	8과

クラス	클래스, 반	11과
くる(来る)	오다	8과
くるま(車)	자동차	4과
くろい(黒い)	검다	9과

け

けいたいでんわ(携帯電話)	휴대 전화	9과
ケーキ	케이크	9과
ゲーム	게임	15과
けっこんする(結婚する)	결혼하다	10과
げつようび(月曜日)	월요일	5과
げんきだ(元気だ)	건강하다, 잘 지내다	7과

こ

ご(5)	5	5과
～ご(後)	～후	14과
こうえん(公園)	공원	9과
こうこう(高校)	고등학교	13과
こうこうせい(高校生)	고등학생	13과
こうちゃ(紅茶)	홍차	7과
こうべ(神戸)	고베(지명)	8과
こえ(声)	(목)소리	12과
コーヒー	커피	7과
ごかげつ(かん)	5개월간	11과
ごがつ(5月)	5월	6과
こくさい(国際)	국제	8과
ここ	여기	4과
ごご(午後)	오후	5과
ここのか(9日)	9일	6과
ここのつ	아홉	10과
ごさい(5歳／才)	5살	13과
ごじ(5時)	5시	5과
ごじゅう(50)	50	5과
ごじゅうえん(50円)	50엔	8과
ごしゅうかん	5주일간	11과
ごじゅっさい(50歳／才)	50살	13과

187

ごじゅっぷん(５０分)	50분	5과
ごせん(５０００)	5000	8과
ごぜん(午前)	오전	5과
ごせんえん(５,０００円)	5000엔	8과
～こそ	～야말로	3과
ごちそう	진수성찬	12과
ごちそうさまでした	잘 먹었습니다	12과
こちら	이쪽	3과
こちら	이분, 이쪽	4과
コップ	컵	4과
こども(子供)	아이	9과
ごにん	5명	10과
ごねん(かん)	5년간	11과
この	이	4과
ごはん(ご飯)	밥	8과
ごひゃく(５００)	500	8과
ごひゃくえん(５００円)	500엔	8과
ごふん(５分)	5분	5과
ごほん	5병	10과
ごまい	5장	10과
ごまん(５００００)	50000	8과
こむ(混む)	막히다, 붐비다	8과
こもの(小物)	자질구레한 것	11과
これ	이것	4과
～ごろ	～쯤, 경	14과
こんげつ(今月)	이번 달	6과
こんしゅう(今週)	이번 주	6과
こんど(今度)	이번, 다음 번	12과
こんにちは	안녕하세요(낮 인사)	12과
コンビニ	편의점	4과
コンピューター	컴퓨터	11과

さ

さあ	자아, 어서	12과
サークル	동아리	5과
～さい(歳／才)	～살(나이)	13과
さいふ(財布)	지갑	9과
さく(咲く)	(꽃이) 피다	13과
サッカー	축구	7과
ざっし(雑誌)	잡지	4과
さとう(砂糖)	설탕	12과
さむい(寒い)	춥다	6과
さん(３)	3	5과
～さん	～씨	3과
さんかげつ(３ヵ月)	3개월	11과
さんかげつ(かん)	3개월간	11과
さんがつ(３月)	3월	6과
さんさい(３歳／才)	3살	13과
さんじ(３時)	3시	5과
さんじゅう(３０)	30	5과
さんじゅういちにち(３１日)	31일	6과
さんしゅうかん	3주일간	11과
さんじゅうにち(３０日)	30일	6과
さんじゅっさい(３０歳／才)	30살	13과
さんじゅっぷん(３０分)	30분	5과
さんぜん(３０００)	3000	8과
さんにん	3명	10과
さんねん(かん)	3년간	11과
さんびゃく(３００)	300	8과
さんぷん(３分)	3분	5과
さんぽする(散歩する)	산책하다	10과
さんぼん	3병	10과
さんまい	3장	10과
さんまん(３００００)	30000	8과

し

しお(塩)	소금	4과
～しか	～밖에	10과
しがつ(４月)	4월	6과
しごと(仕事)	일	5과
じしょ(辞書)	사전	6과
しずかだ(静かだ)	조용하다	6과

した(下)	밑, 아래	9과	じゅうまんえん(100,000円)	100,000엔	8과
しちがつ(7月)	7월	6과	じゅうよっか(14日)	14일	6과
しちじ(7時)	7시	5과	じゅうろくにち(16日)	16일	6과
しちにん(ななにん)	7명	10과	じゅぎょう(授業)	수업	5과
しつもん(質問)	질문	11과	しゅくだい(宿題)	숙제	12과
じてんしゃ(自転車)	자전거	12과	じゅっかげつ(かん)	10개월간	11과
じどうしゃ(自動車)	자동차	4과	じゅっさい(10歳/才)	10살	13과
しぬ(死ぬ)	죽다	12과	じゅっしゅうかん	10주일간	11과
しぶや(渋谷)	시부야(지명)	9과	しゅっしん(出身)	출신	3과
しめる	매다	13과	しゅっせきする(出席する)	출석하다	14과
じゃ	그럼	10과	しゅっぱつ(出発)	출발	14과
しゃいん(社員)	사원	4과	じゅっぷん(10分)	10분	5과
しゃしん(写真)	사진	10과	じゅっぽん	10병	10과
シャツ	셔츠	10과	しょうかいする(紹介する)	소개하다	13과
シャワー	샤워	12과	じょうずだ(上手だ)	잘하다, 능숙하다	7과
じゅう(10)	10	5과	しょうたいする(招待する)	초대하다	12과
じゅういちがつ(11月)	11월	6과	ジョギング	조깅	13과
じゅういちじ(11時)	11시	5과	しょくじ(食事)	식사	8과
じゅういちにち(11日)	11일	6과	しょくどう(食堂)	식당	13과
じゅういっさい(11歳/才)	11살	13과	しらべる(調べる)	조사하다	12과
じゅうえん(10円)	10엔	8과	しる(知る)	알다	8과
じゅうがつ(10月)	10월	6과	しろい(白い)	하얗다	9과
じゅうくにち(19日)	19일	6과	しんじゅく(新宿)	신주쿠(지명)	8과
じゅうごにち(15日)	15일	6과	しんせつだ(親切だ)	친절하다	6과
じゅうさんにち(13日)	13일	6과	しんぱいする(心配する)	걱정하다	16과
じゅうじ(10時)	10시	5과	しんぱいだ(心配だ)	걱정스럽다	6과
じゅうしちにち(17日)	17일	6과	しんぶん(新聞)	신문	9과
じゅうしょ(住所)	주소	12과			
ジュース	주스	9과			
じゅうにがつ(12月)	12월	6과	**す**		
じゅうにさい(12歳/才)	12살	13과	すいようび(水曜日)	수요일	5과
じゅうにじ(12時)	12시	5과	すう(吸う)	피우다	15과
じゅうににち(12日)	12일	6과	スーツ	정장	13과
じゅうにん	10명	10과	スーパー	슈퍼마켓	10과
じゅうねん(かん)	10년간	11과	スカート	스커트, 치마	13과
じゅうはちにち(18日)	18일	6과	すきだ(好きだ)	좋아하다	7과
じゅうまい	10장	10과	すぐ	곧, 바로	9과
			すくない(少ない)	적다	6과

일본어	한국어	과
すこし(少し)	조금, 약간	6과
すずしい(涼しい)	시원하다	6과
すてきだ	멋있다	6과
スポーツ	스포츠	7과
ズボン	바지	13과
すみません	저기요, 실례합니다, 미안합니다	5과
すむ(住む)	살다, 거주하다	13과
する	하다	8과
すわる(座る)	앉다	12과

せ

せいと(生徒)	(중고등)학생	13과
セーター	스웨터	13과
せかい(世界)	세계	4과
せがたかい(背が高い)	키가 크다	7과
せき(席)	자리, 좌석	16과
せまい(狭い)	좁다	6과
せん(１０００)	1000	8과
せんえん(１，０００円)	1000엔	8과
せんげつ(先月)	지난달	6과
せんしゅう(先週)	지난주	5과
せんせい(先生)	선생님	3과
センター	센터	15과
せんたくする(洗濯する)	세탁하다	15과
ぜんぶ(全部)	전부	10과

そ

そうじする(掃除する)	청소하다	12과
そうです(か)	그렇습니다(까?)	3과
ソウル	서울 (지명)	3과
そこ	거기	4과
そちら	그쪽	4과
そつぎょう(卒業)	졸업	11과
そと(外)	밖	9과
その	그	4과
そふ(祖父)	(나의) 할아버지	13과
そぼ(祖母)	(나의) 할머니	13과
それ	그것	4과
それから	그러고 나서, 그리고	8과
それなら	그렇다면	11과
そろそろ	이제 슬슬	12과

た

일본어	한국어	과
～た	～했다	14과
～たあとで	～한 후에, ～한 뒤에	14과
タイ	태국	13과
～たい	～하고 싶다	11과
だいがく(大学)	대학	4과
だいがくせい(大学生)	대학생	11과
だいじょうぶだ(大丈夫だ)	괜찮다	12과
だいすきだ(大好きだ)	매우 좋아하다	7과
たいせつだ(大切だ)	중요하다	6과
だいどころ(台所)	부엌	8과
たいへんだ(大変だ)	큰일이다, 힘들다	6과
タオル	수건	10과
たかい(高い)	높다, 비싸다	7과
たくさん	많이	10과
タクシー	택시	16과
～だけ	～만, 뿐	11과
～たことがあります(か)	～한 적이 있습니다(까?)	14과
～たことがありません	～한 적이 없습니다	14과
～たち	～들	12과
たてもの(建物)	건물	9과
たのしい(楽しい)	즐겁다	6과
たのしみ(楽しみ)	즐거움, 기대	11과
たばこ	담배	15과
たべもの(食べ物)	먹을 것, 음식	7과
たべる(食べる)	먹다	8과
たまに	가끔, 때때로	15과
だめだ	안 된다	16과
～たり	～하기도 하고(하거나)	15과
だれ(誰)	누구	4과

일본어	한국어	과
だれか(誰か)	누군가	10과
だれも	아무도	10과
たんじょうび(誕生日)	생일, 생신	6과

ち

일본어	한국어	과
ちいさい(小さい)	작다	9과
チェックする	체크하다	15과
ちかい(近い)	가깝다	6과
ちかく(近く)	가까운 곳, 근처	9과
ちかてつ(地下鉄)	지하철	8과
ちち(父)	(나의) 아버지	13과
ちゃいろい(茶色い)	갈색	9과
~ちゅう(中)	~사이, ~중간	16과
ちゅうごく(中国)	중국	11과
ちゅうごくご(中国語)	중국어	13과
ちゅうごくじん(中国人)	중국인	3과
ちょっと	좀, 잠시	12과

つ

일본어	한국어	과
ついたち(1日)	1일	6과
つうこうにん(通行人)	통행인	9과
つかう(使う)	사용하다	14과
つくえ(机)	책상	9과
つくる(作る)	만들다	12과
つける	하다, 착용하다	13과
つとめる(勤める)	근무하다	13과
つまらない	재미없다	6과
つめたい(冷たい)	차갑다	6과
つよい(強い)	강하다	6과

て

일본어	한국어	과
て(手)	손	15과
~て	~하고, ~해서	12과
~で	~에서	8과
~で	~에, ~해서(수량적 범위)	10과
~で	~으로(수단)	14과
~て(で)います	~하고 있습니다	13과
デート	데이트	14과
テーブル	테이블	9과
でかける(出かける)	외출하다	10과
~てから	~하고 나서	12과
テグ(大邱)	대구(지명)	3과
~てください	~해 주세요	12과
~でした(か)	~였습니다(까?)	5과
~です	~입니다	3과
テスト	시험	5과
てつだう(手伝う)	돕다	12과
テニス	테니스	14과
デパート	백화점	9과
~ではありません	~이 아닙니다	3과
~てはいけません	~해서는 안 됩니다	16과
~ではなくて	~이 아니고	9과
でも	하지만	6과
~てもいいです(か)	~해도 좋습니다(까?)	16과
でる(出る)	나가다	8과
テレビ	텔레비전	8과
てんき(天気)	날씨	6과
でんし(電子)	전자	4과
でんしゃ(電車)	전철	14과
でんわ(電話)	전화	11과
でんわばんごう(電話番号)	전화번호	12과

と

일본어	한국어	과
~と	~와/과(나열)	5과
~と	~와/과(동반)	10과
トイレ	화장실	4과
どう	어떻다	6과
とうきょう(東京)	도쿄(지명)	3과
どうぞ	아무쪼록, 부디(부탁)	3과
どうぞ	자(권유)	4과
とうちゃくする(到着する)	도착하다	14과

どうぶつ(動物)	동물	7과	なぜ／どうして	왜	4과
とお	열	10과	なつ(夏)	여름	11과
とおい(遠い)	멀다	6과	なつやすみ(夏休み)	여름 방학	15과
とおか(10日)	10일	6과	～など	～등	11과
とき	때	11과	ななかげつ(かん)	7개월간	11과
どくしん(独身)	독신	13과	ななさい(7歳／才)	7살	13과
とけい(時計)	시계	4과	なな・しち(7)	7	5과
どこ	어디	4과	ななじゅう(70)	70	5과
どこか	어딘가	10과	ななしゅうかん	7주일간	11과
どこ(へ／に)も	어디에도	10과	ななじゅっさい(70歳／才)	70살	13과
ところ	곳, 장소	6과	ななせん(7000)	7000	8과
ところで	그런데	6과	ななつ	일곱	10과
としょかん(図書館)	도서관	6과	ななねん(かん)	7년간	11과
どちら	어디, 어느 쪽	3과	ななひゃく(700)	700	8과
とても	매우, 대단히	6과	ななふん(7分)	7분	5과
となり	옆	9과	ななほん	7병	10과
どの	어느	8과	ななまい	7장	10과
とまる(泊まる)	머무르다	11과	ななまん(70000)	70000	8과
ともだち(友だち)	친구	8과	なに／なん(何)	무엇	4과
どようび(土曜日)	토요일	5과	なにか(何か)	무언가	10과
ドラマ	드라마	13과	なにも	아무것도	10과
とる(撮る)	(사진 등을) 찍다	10과	なのか(7日)	7일	6과
とる(取る)	잡다	12과	なまえ(名前)	이름	12과
どれ	어느 것	4과	ならう(習う)	배우다	11과
どれか	어느 것인가	10과	なんかい(何回)	몇 회, 몇 번	15과
どれも	어느 것도	10과	なんかげつ(何ヵ月)	몇 개월	11과
どんな	어떤	6과	なんかげつ(かん)	몇 개월(간)	11과
			なんがつ(何月)	몇 월	6과
			なんがつなんにち(何月何日)	몇 월 며칠	6과
な			なんじ(何時)	몇 시	5과
～な	～한	6과	なんじかん(何時間)	몇 시간	8과
～ないでください	～하지 말아 주세요	16과	なんじなんぷん(何時何分)	몇 시 몇 분	5과
なか(中)	안, 속	9과	なんしゅうかん	몇 주(간)	11과
ながい(長い)	길다	6과	なんにち(何日)	며칠	6과
～なかで(中で)	～중에서	7과	なんにん	몇 명	10과
～ながら	～하면서	15과	なんにんかぞく(何人家族)	몇 인 가족	13과
なごや(名古屋)	나고야 (지명)	8과	なんねん(かん)	몇 년(간)	11과

なんぼん	몇 병	10과		にまん(20000)	20000	8과
なんまい	몇 장	10과		にもつ(荷物)	짐, 화물	12과
なんようび(何曜日)	무슨 요일	5과		にる(似る)	닮다	13과
				にわ(庭)	정원	13과

に

に(2)	2	5과
～に	～에	8과
～に	～(하)러(목적)	10과
にかげつ(かん)	2개월간	11과
にがつ(2月)	2월	6과
にぎやかだ	번화하다, 떠들썩하다	7과
にく(肉)	고기	12과
にさい(2歳／才)	2살	13과
にじ(2時)	2시	5과
にじゅう(20)	20	5과
にじゅういちにち(21日)	21일	6과
にしゅうかん	2주일간	11과
にじゅうくにち(29日)	29일	6과
にじゅうごにち(25日)	25일	6과
にじゅうさんにち(23日)	23일	6과
にじゅうしちにち(27日)	27일	6과
にじゅうににち(22日)	22일	6과
にじゅうはちにち(28日)	28일	6과
にじゅうよっか(24日)	24일	6과
にじゅうろくにち(26日)	26일	6과
にじゅっぷん(20分)	20분	5과
にせん(2000)	2000	8과
にせんえん(2,000円)	2,000엔	8과
にちようび(日曜日)	일요일	5과
にねん(かん)	2년간	11과
にひゃく(200)	200	8과
にふん(2分)	2분	5과
にほん(日本)	일본	4과
にほん	2병	10과
にほんご(日本語)	일본어	6과
にほんじん(日本人)	일본인	3과
にまい(2枚)	2장	10과

ぬ

ぬぐ(脱ぐ)	벗다	15과

ね

～ね	～이지요, ～군요	7과
ネクタイ	넥타이	13과
ねこ(猫)	고양이	7과
ネックレス	목걸이	13과
ねる(寝る)	자다	12과

の

～の	～의, ～의 것	4과
ノート	노트	11과
のぼる(登る)	오르다	15과
のみもの(飲み物)	음료수, 마실 것	7과
のむ(飲む)	(약을) 먹다, 마시다	12과
のる(乗る)	타다	8과

は

は(歯)	이, 치아	12과
～は	～은/는	3과
パーティー	파티	7과
はい	예	3과
はいる(入る)	들어가(오)다	8과
はく	입다, 신다	13과
はこ(箱)	상자	9과
はし(箸)	젓가락	14과
はじめまして	처음 뵙겠습니다	3과
はじめる(始める)	시작하다	12과

193

일본어	한국어	과
はしる(走る)	달리다	8과
バス	버스	8과
パソコン	퍼스널 컴퓨터	4과
はたち(20歳/才)	20살	13과
はたらく(働く)	일하다	13과
はち(8)	8	5과
はちがつ(8月)	8월	6과
はちじ(8時)	8시	5과
はちじゅう(80)	80	5과
はちじゅっさい(80歳/才)	80살	13과
はちにん	8명	10과
はちねん(かん)	8년간	11과
はちまい	8장	10과
はちまん(80000)	80000	8과
はつか(20日)	20일	6과
はっかげつ(かん)	8개월간	11과
はっさい(8歳/才)	8살	13과
はっしゅうかん	8주일간	11과
はっせん(8000)	8000	8과
はっぴゃく(800)	800	8과
はっぷん(8分)	8분	5과
はっぽん	8병	10과
はな(花)	꽃	9과
はなし(話)	이야기	14과
はなす(話す)	이야기하다	10과
はなや(花屋)	꽃집	9과
はは(母)	나의 (어머니)	12과
はやい(早い)	이르다, 빠르다	7과
はやい(速い)	빠르다	6과
はる(春)	봄	14과
はん(半)	반	5과
パン	빵	11과
ハンカチ	손수건	11과
ばんごはん(晩ご飯)	저녁밥	14과
ハンサムだ	잘생기다	6과

ひ

ピアノをひく	피아노를 치다	15과
ひくい(低い)	낮다	6과
ひこうき(飛行機)	비행기	14과
びじゅつかん(美術館)	미술관	16과
ひだり(左)	왼쪽	9과
ひっこす(引っ越す)	이사하다	14과
ビデオ	비디오	16과
ひと(人)	사람	4과
ひとつ	하나	10과
ひとり	1명	10과
ひまだ(暇だ)	한가하다	7과
ひゃく(100)	100	5과
ひゃくえん(100円)	100엔	8과
ひゃくさい(100歳/才)	100살	13과
ひゃくまんえん(1,000,000円)	1,000,000엔	8과
びょういん(病院)	병원	9과
ひるごはん(昼ご飯)	점심(밥)	14과
ひろい(広い)	넓다	6과

ふ

プール	수영장	10과
ふく(服)	옷	7과
ふくざつだ(複雑だ)	복잡하다	6과
プサン(釜山)	부산(지명)	3과
ふじさん(富士山)	후지산	8과
ふたつ	둘	10과
ふたり(二人)	두 명, 두 사람	10과
ふつか(2日)	2일	6과
ふとい(太い)	굵다	6과
ぶどう	포도	7과
ふべんだ(不便だ)	불편하다	6과
フランス	프랑스	11과
ふる(降る)	내리다	16과
ふるい(古い)	낡다, 오래되다	6과

へ

～へ	～에, ～으로	8과
へいじつ(平日)	평일	8과
へただ(下手だ)	서투르다, 못하다	7과
へや(部屋)	방	6과
ベルト	벨트	13과
べんきょう(勉強)	공부	6과
ベンチ	벤치	9과
べんりだ(便利だ)	편리하다	6과

ほ

～ほう(方)	～쪽	7과
ぼうし(帽子)	모자	9과
ボールペン	볼펜	10과
ポケット	주머니	9과
ほしい	원하다, 갖고 싶다	11과
ほそい(細い)	가늘다	6과
ボタン	버튼	16과
ほっかいどう(北海道)	홋카이도(지명)	6과
ホテル	호텔	8과
ほん(本)	책	4과
ほんとう(本当)	정말, 진짜	6과
ほんや(本屋)	서점, 책방	8과

ま

まいあさ(毎朝)	매일 아침	13과
まいとし(毎年)	매년	13과
まいにち(毎日)	매일	5과
まいばん(毎晩)	매일 밤	13과
まえ(前)	앞	9과
まえ(前)	(시간적인) 앞, 전	11과
～まえに(前に)	～하기 전에	15과
～ました(か)	～했습니다(까?)	10과
まじめだ	성실하다	6과
～ましょう(か)	～합시다(～할까요?) (청유형)	12과
まずい	맛없다	6과
～ます(か)	～입니다(까?)	8과
～ません	～지 않습니다	8과
～ませんか	～하지 않겠습니까?(권유)	14과
～ませんでした	～하지 않았습니다	10과
まだ	아직	8과
まつ(待つ)	기다리다	8과
～まで	～까지	5과
まど(窓)	창문	13과
まるい(丸い)	동그랗다	6과
まんが(漫画)	만화	15과

み

みがく(磨く)	(이를) 닦다	12과
みかん	귤	7과
みぎ(右)	오른쪽	9과
みじかい(短い)	짧다	6과
みず(水)	물	11과
みせ(店)	가게	6과
みち(道)	길	8과
みっか(3日)	3일	6과
みっつ	셋	10과
みる(見る)	보다	8과

む

むいか(6日)	6일	6과
むずかしい(難しい)	어렵다	6과
むっつ	여섯	10과

め

メール	메일	11과
めがね	안경	13과

も

～も	～도	3과

일본어	한국어	과
もう	이미, 벌써	14과
もうすぐ	이제 곧	6과
もくようび(木曜日)	목요일	5과
もしもし	여보세요	9과
もつ(持つ)	들다, 가지다	12과
もの	물건, 것	11과

や

~や	~(이)랑	11과
やきゅう(野球)	야구	7과
やさい(野菜)	야채	12과
やさしい(易しい)	쉽다	6과
やさしい(優しい)	상냥하다, 다정하다	6과
やすい(安い)	싸다	9과
やすみ(休み)	휴일	5과
やすむ(休む)	쉬다	11과
やっつ	여덟	10과
やま(山)	산	15과

ゆ

ゆうびんきょく(郵便局)	우체국	4과
ゆうめいだ(有名だ)	유명하다	6과
ゆびわ(指輪)	반지	11과

よ

~よ	~요	11과
よい(=いい)	좋다	6과
ようか(8日)	8일	6과
ようじ(用事)	용무, 볼일	14과
よこ(横)	옆	9과
よじ(4時)	4시	5과
よしゅう(予習)	예습	15과
よっか(4日)	4일	6과
よっつ	넷	10과
よてい(予定)	예정	14과
よにん	4명	10과
よねん(かん)	4년간	11과
よぶ(呼ぶ)	부르다	10과
よむ(読む)	읽다	10과
~より	~보다	7과
よる(寄る)	들르다	12과
よる(夜)	밤	15과
よろしく	잘	3과
よわい(弱い)	약하다	16과
よんかげつ(かん)	4개월간	11과
よんさい(4歳/才)	4살	13과
よん・し(4)	4	5과
よんじゅう(40)	40	5과
よんしゅうかん	4주일간	11과
よんじゅっさい(40歳/才)	40살	13과
よんじゅっぷん(40分)	40분	5과
よんせん(4000)	4000	8과
よんひゃく(400)	400	8과
よんぷん(4分)	4분	5과
よんほん	4병	10과
よんまい	4장	10과
よんまん(40000)	40000	8과

ら

らいげつ(来月)	다음 달	6과
らいしゅう(来週)	다음 주	6과

り

りゅうがくせい(留学生)	유학생	3과
りょう(量)	양	7과
りょうり(料理)	요리	6과
りょこう(旅行)	여행	11과
りんご	사과	7과

れ

れいぞうこ(冷蔵庫)	냉장고	9과
レストラン	레스토랑	8과

レポート	리포트	10과
れんしゅうする(練習する)	연습하다	15과

ろうか(廊下)	복도	16과
ろく(6)	6	5과
ろくがつ(6月)	6월	6과
ろくさい(6歳／才)	6살	13과
ろくじ(6時)	6시	5과
ろくじゅう(60)	60	5과
ろくしゅうかん	6주일간	11과
ろくじゅっさい(60歳／才)	60살	13과
ろくじゅっぷん(60分)	60분	5과
ろくせん(6000)	6000	8과
ろくにん	6명	10과
ろくねん(かん)	6년간	11과
ろくまい	6장	10과
ろくまん(60000)	60000	8과
ろっかげつ(かん)	6개월간	11과
ろっぴゃく(600)	600	8과
ろっぷん(6分)	6분	5과
ろっぽん	6병	10과

わぁ	와(감탄사)	12과
ワイン	와인	13과
わかい(若い)	젊다	6과
わかりました	알겠습니다	8과
わすれる(忘れる)	잊다, 잊어버리다	16과
わたし(私)	나, 저	3과
わふう(和風)	일본식	11과
わるい(悪い)	나쁘다	6과

〜を	〜을/를	8과

New 다이나믹 일본어 1

지은이 오현정, 하스이케 이즈미, 박행자, 아이자와 유카, 박준효,
이나가와 유우키
펴낸이 정규도
펴낸곳 (주)다락원

초판 1쇄 발행 2006년 1월 13일
개정1판 1쇄 발행 2012년 1월 3일
개정1판 23쇄 발행 2025년 1월 14일

책임편집 송화록, 최재영
디자인 구수정, 오연주
일러스트 조영남

다락원 경기도 파주시 문발로 211
내용문의: (02)736-2031 내선 460~465
구입문의: (02)736-2031 내선 250~252
Fax: (02)732-2037
출판등록 1977년 9월 16일 제406-2008-000007호

Copyright ⓒ 2012, 오현정, 하스이케 이즈미, 박행자, 아이자와 유카,
박준효, 이나가와 유우키

저자 및 출판사의 허락 없이 이 책의 일부 또는 전부를 무단
복제 · 전재 · 발췌할 수 없습니다. 구입 후 철회는 회사 내규
에 부합하는 경우에 가능하므로 구입문의처에 문의하시기 바
랍니다. 분실 · 파손 등에 따른 소비자 피해에 대해서는 공정
거래위원회에서 고시한 소비자 분쟁 해결 기준에 따라 보상
가능합니다. 잘못된 책은 바꿔 드립니다.

ISBN 978-89-277-1040-0 18730
978-89-277-1039-4 (세트)

http://www.darakwon.co.kr

- 다락원 홈페이지를 방문하시면 상세한 출판 정보와 함께 동영상강좌, MP3 자료 등 다양한 어학 정보를 얻으실 수 있습니다.
- 다락원 **Cyber 어학원**에서는 《다나믹 일본어 회화 입문》 **동영상 강좌** 가 제공되고 있습니다.
- 다락원 홈페이지 자료실에서 **MP3 파일(무료)**을 다운로드 받으실 수 있습니다.

일본어 **쉽고 재미있게** 가자

New 다이나믹 일본어

Step 1 가나 쓰기

일본어 문자 쓰기

① 청음
② 탁음 · 반탁음
③ 요음

① 청음

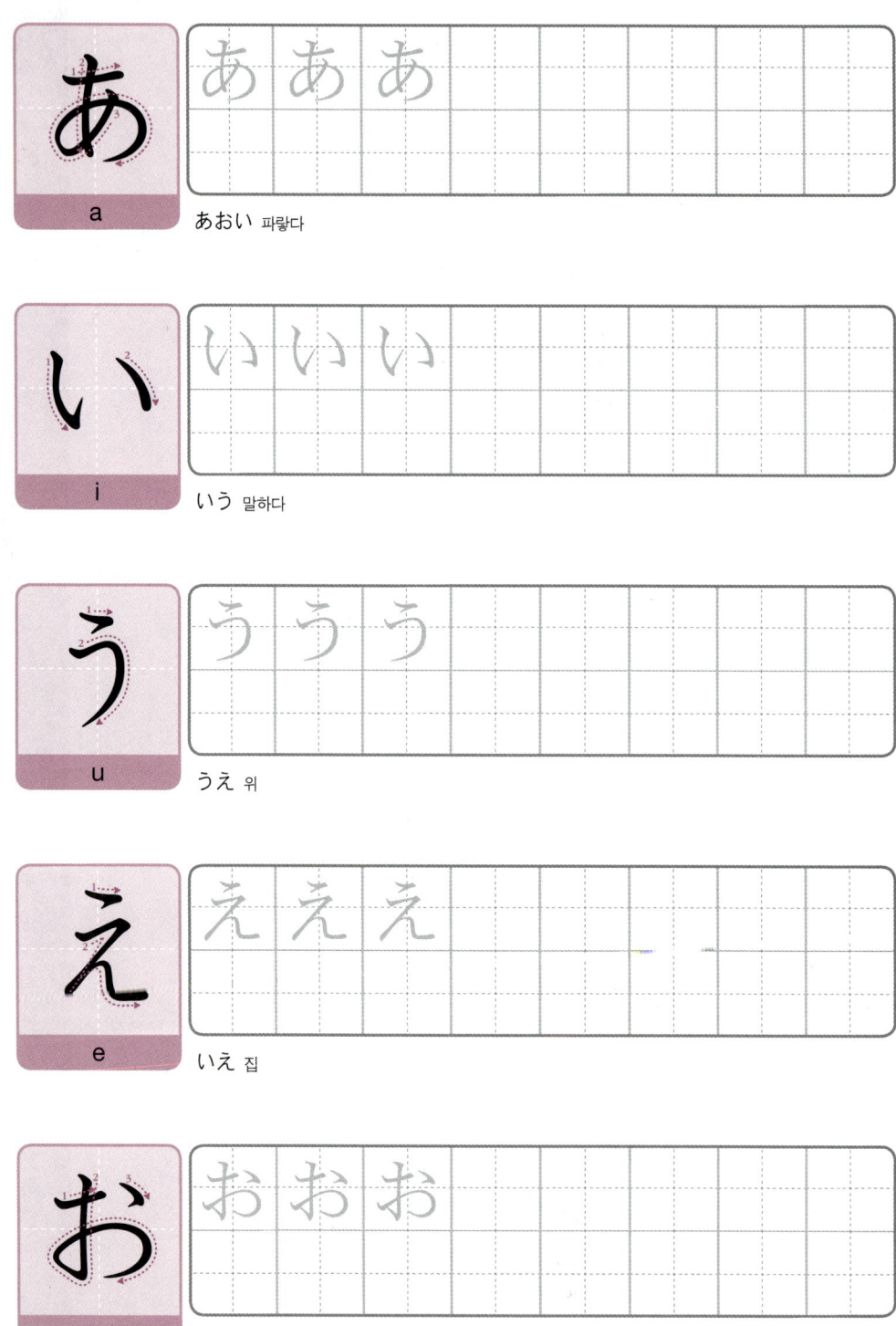

あおい 파랗다

いう 말하다

うえ 위

いえ 집

おう 뒤쫓다

청음 あ 행

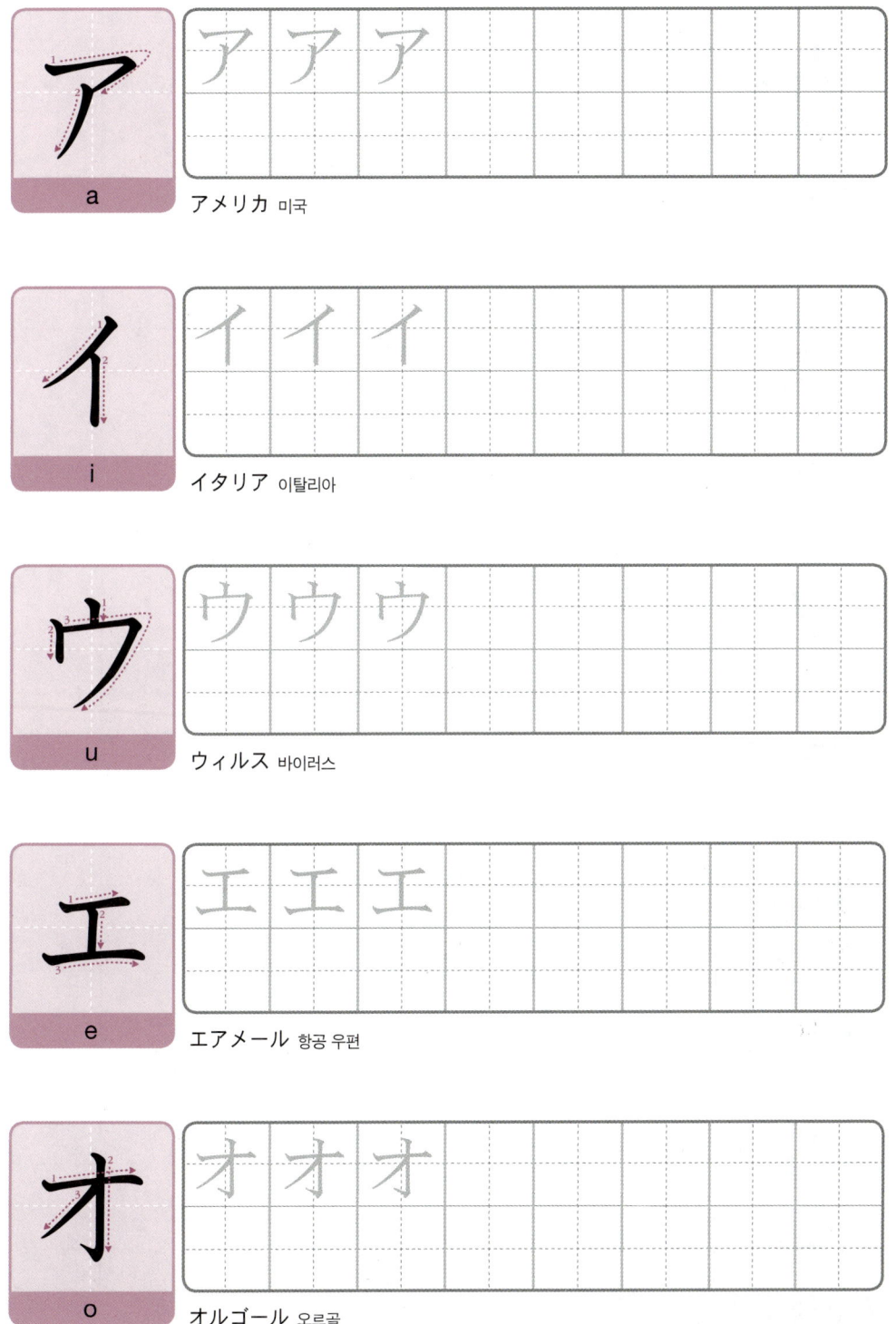

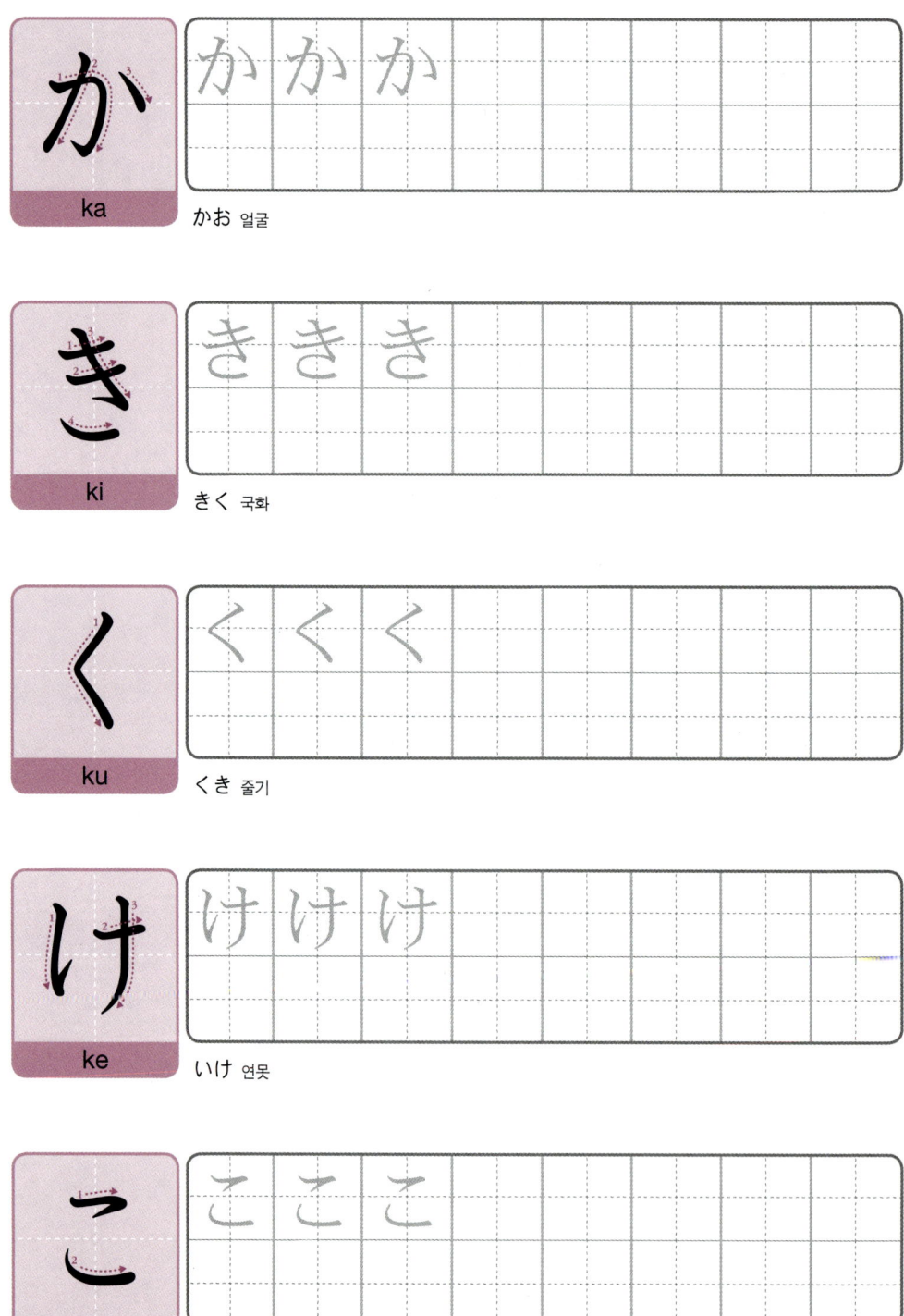

청음 か 행

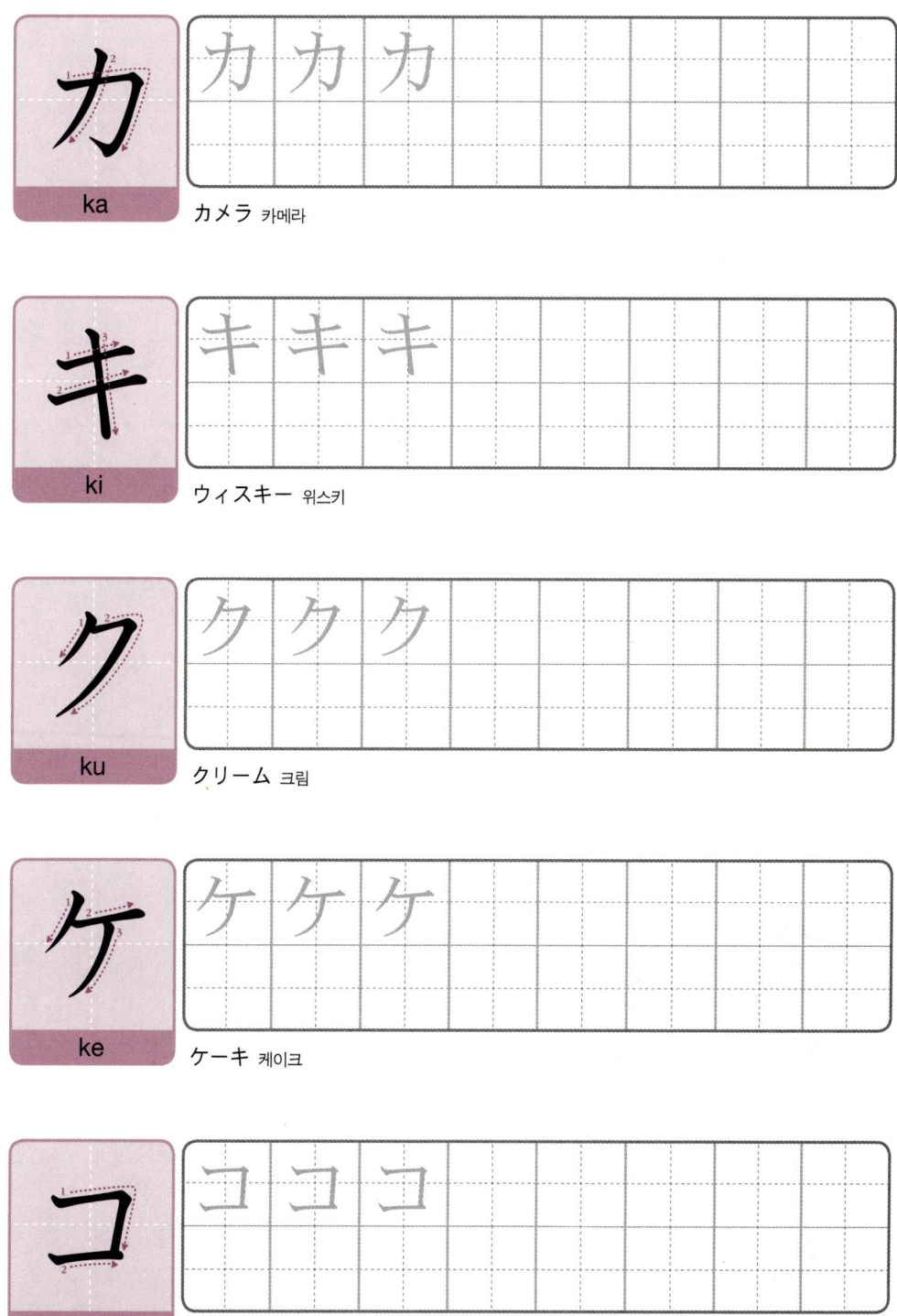

カ ka — カメラ 카메라

キ ki — ウィスキー 위스키

ク ku — クリーム 크림

ケ ke — ケーキ 케이크

コ ko — コーヒー 커피

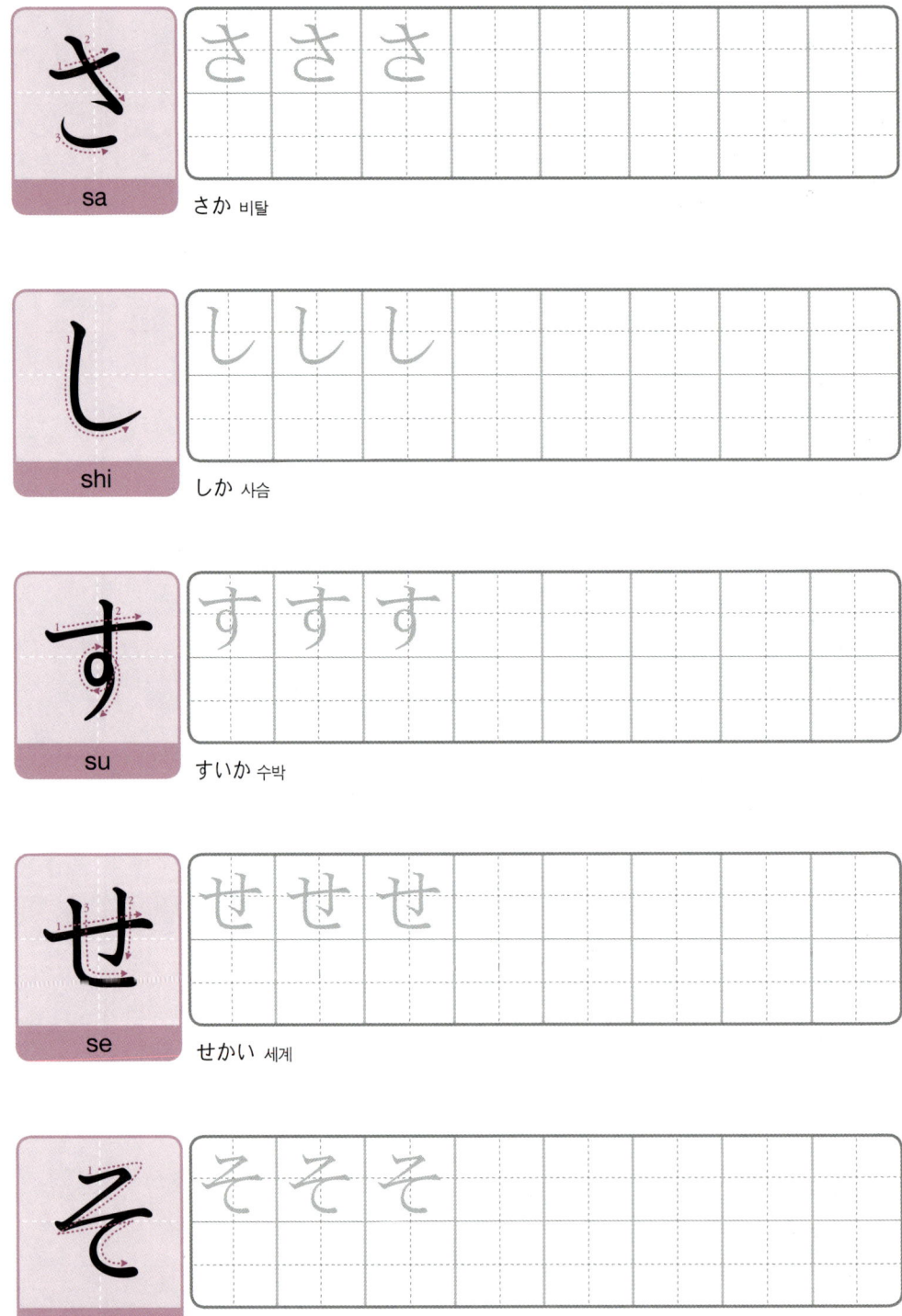

さか 비탈

しか 사슴

すいか 수박

せかい 세계

そうこ 창고

청음 さ 행

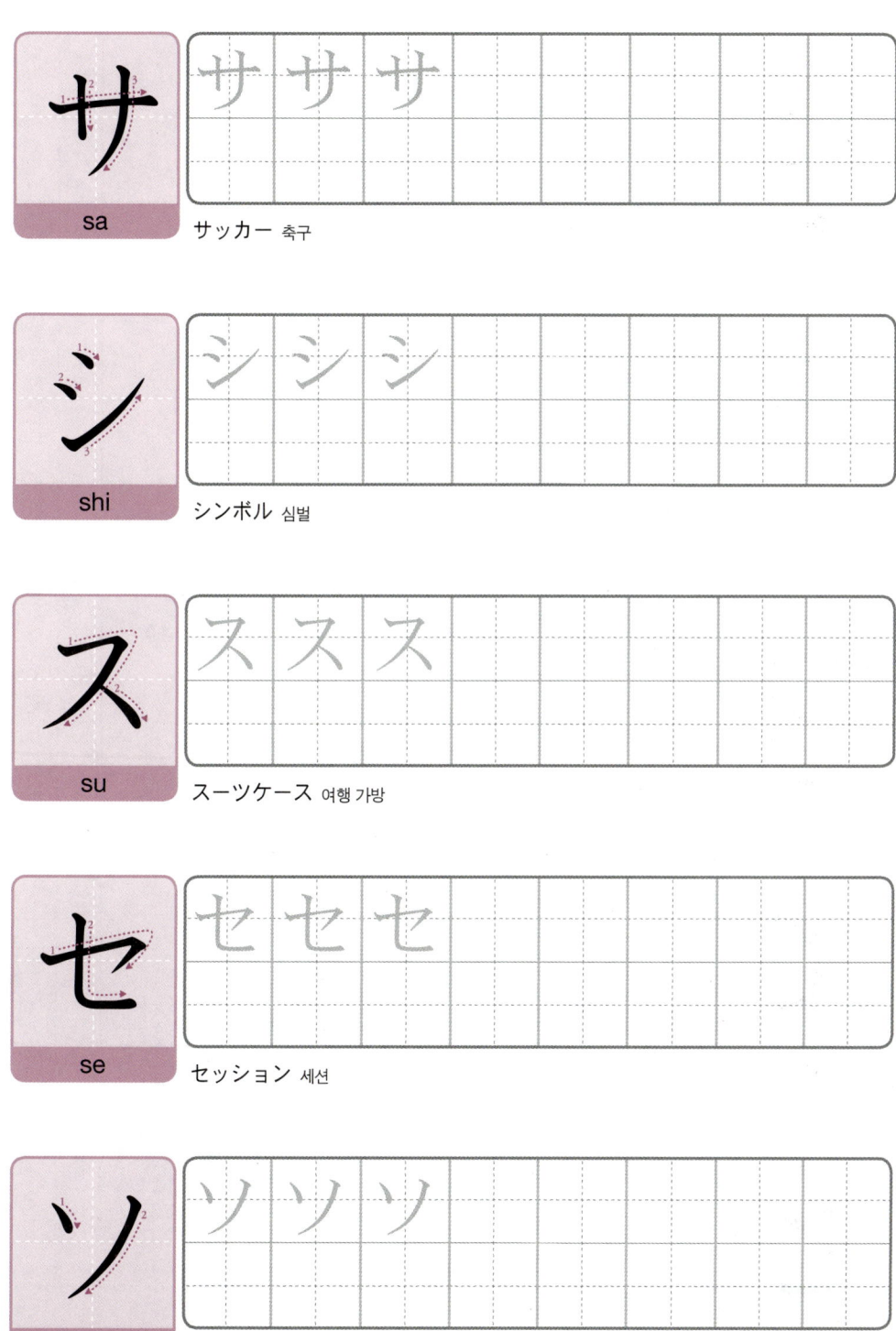

サッカー 축구

シンボル 심벌

スーツケース 여행 가방

セッション 세션

ソウル 서울

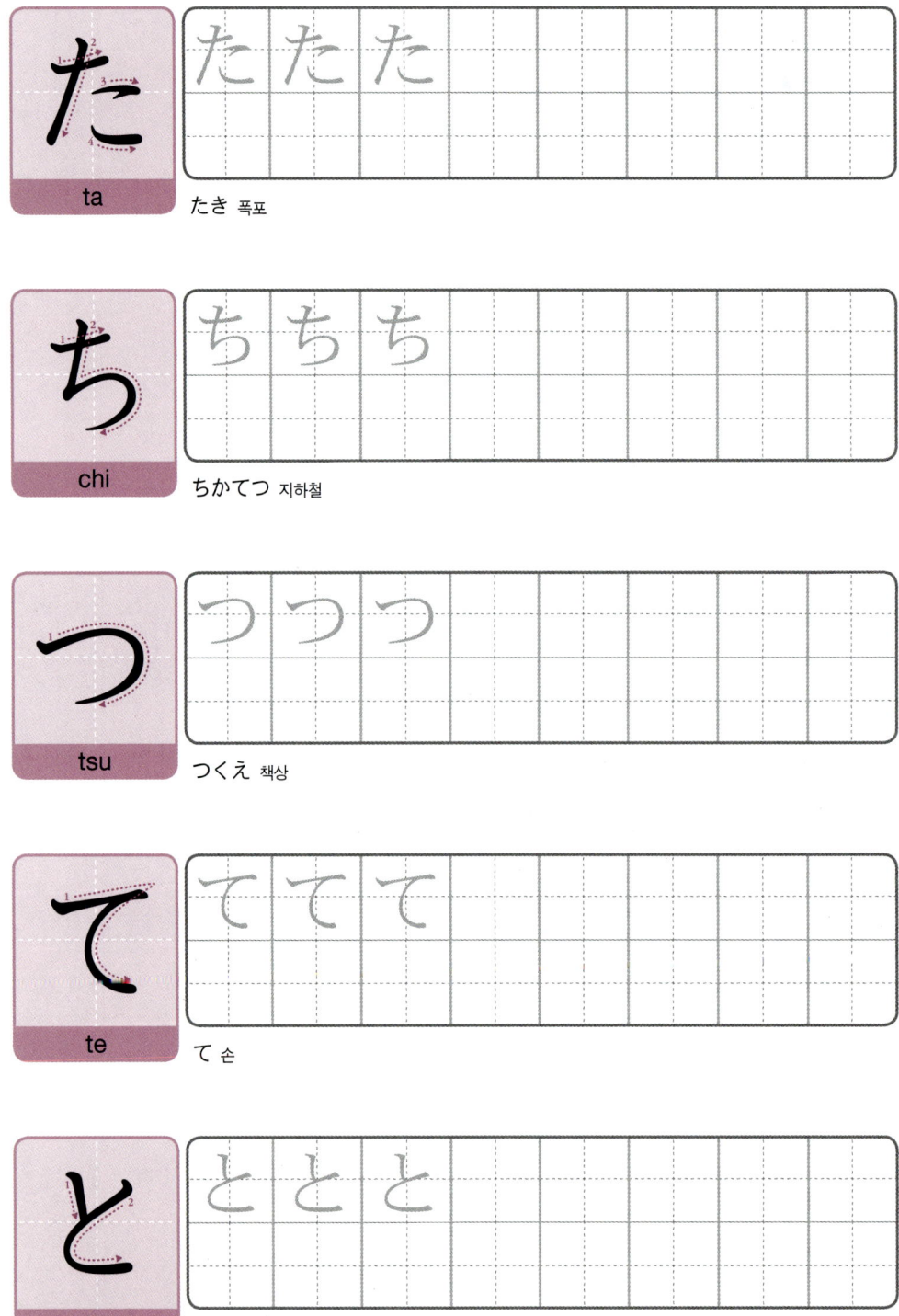

청음 た 행

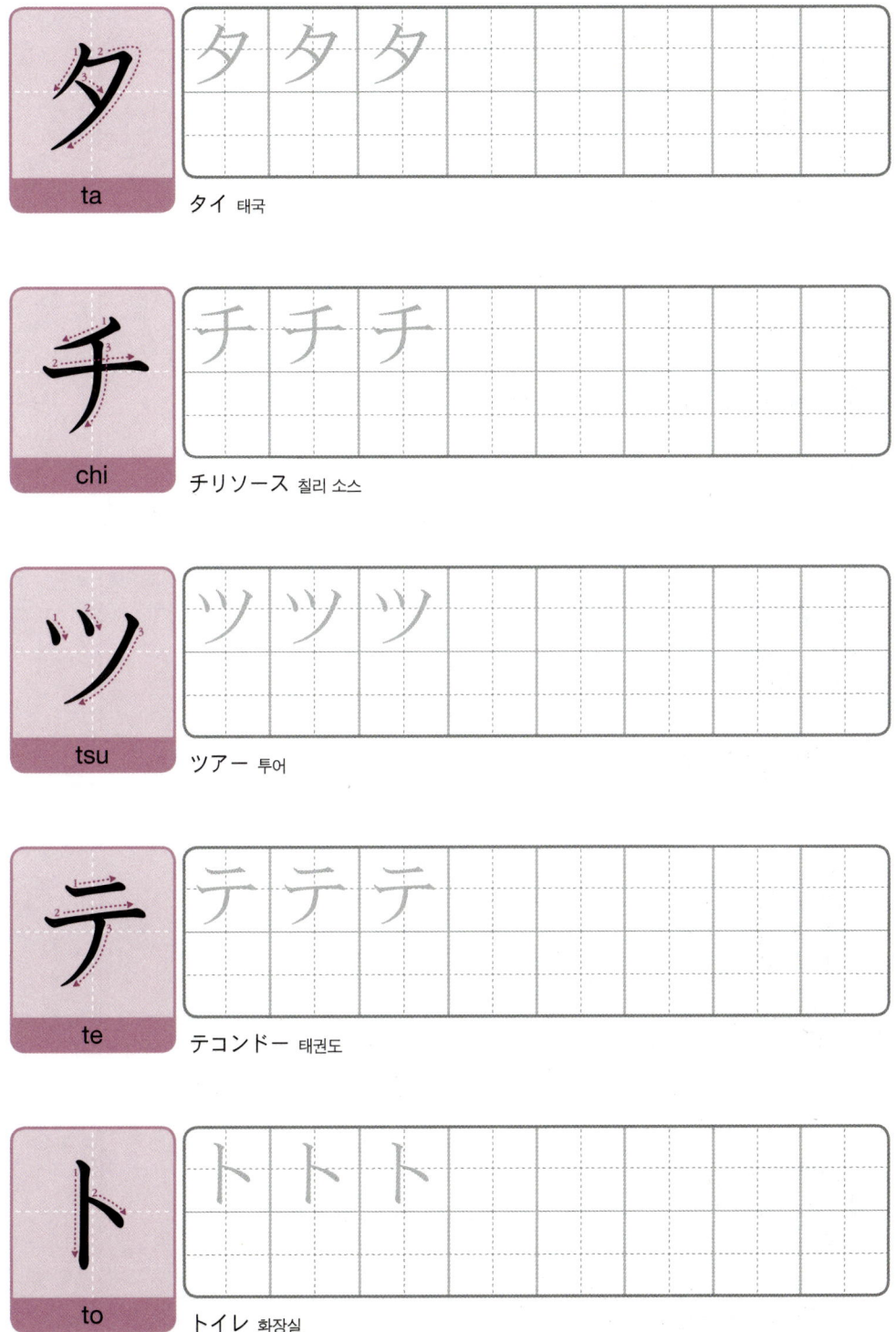

ta
タイ 태국

chi
チリソース 칠리 소스

tsu
ツアー 투어

te
テコンドー 태권도

to
トイレ 화장실

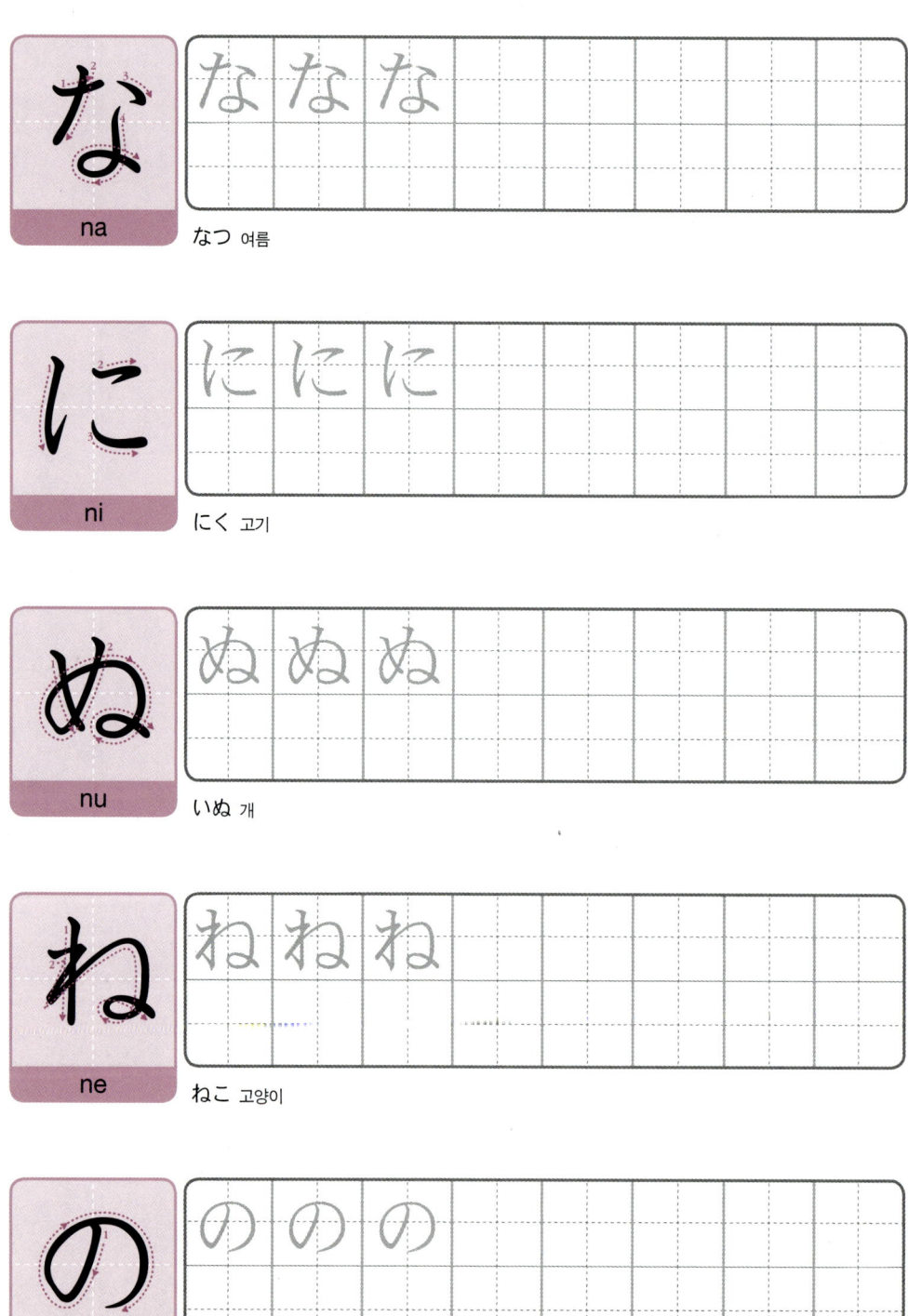

청음 な 행

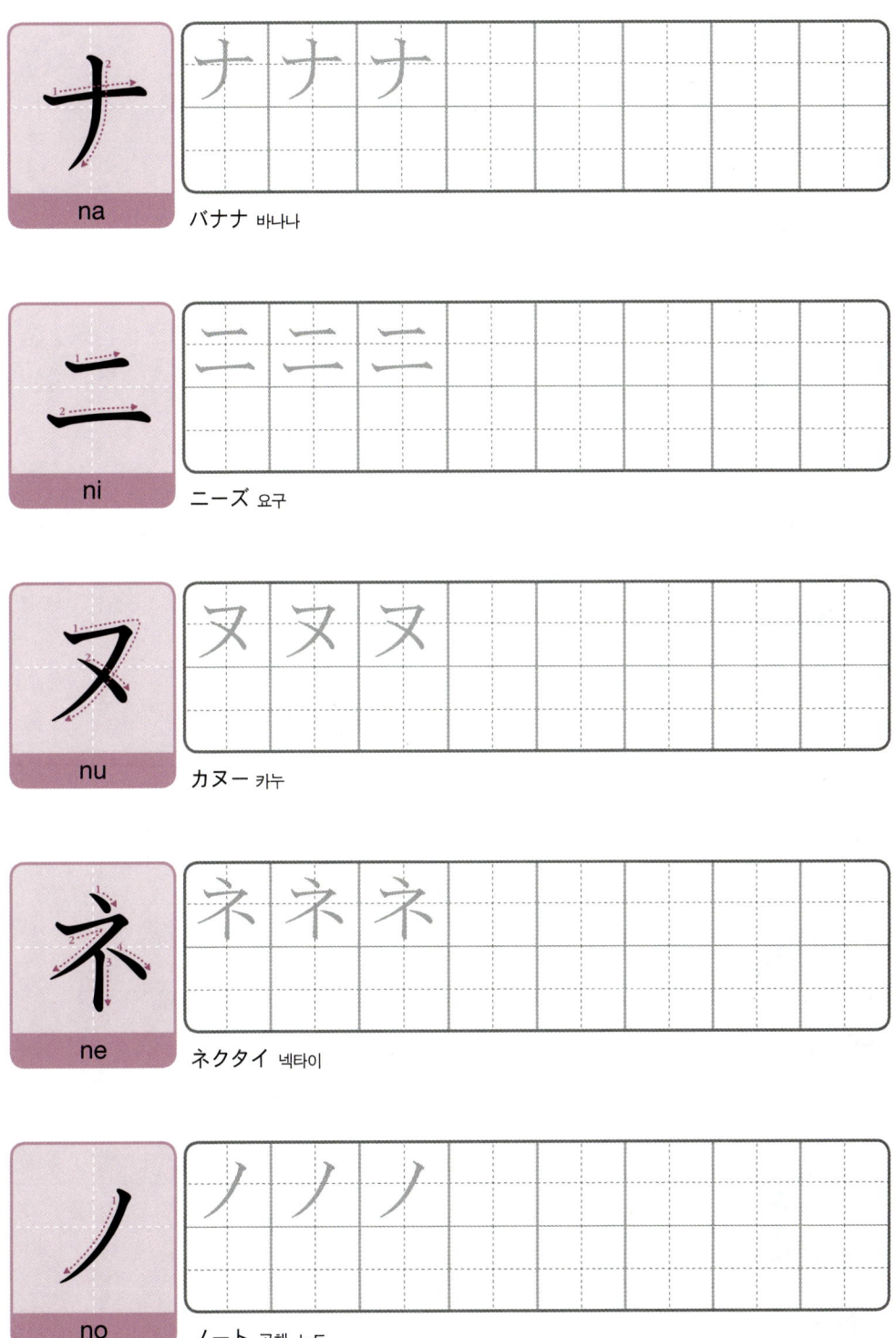

ナ na — バナナ 바나나

ニ ni — ニーズ 요구

ヌ nu — カヌー 카누

ネ ne — ネクタイ 넥타이

ノ no — ノート 공책, 노트

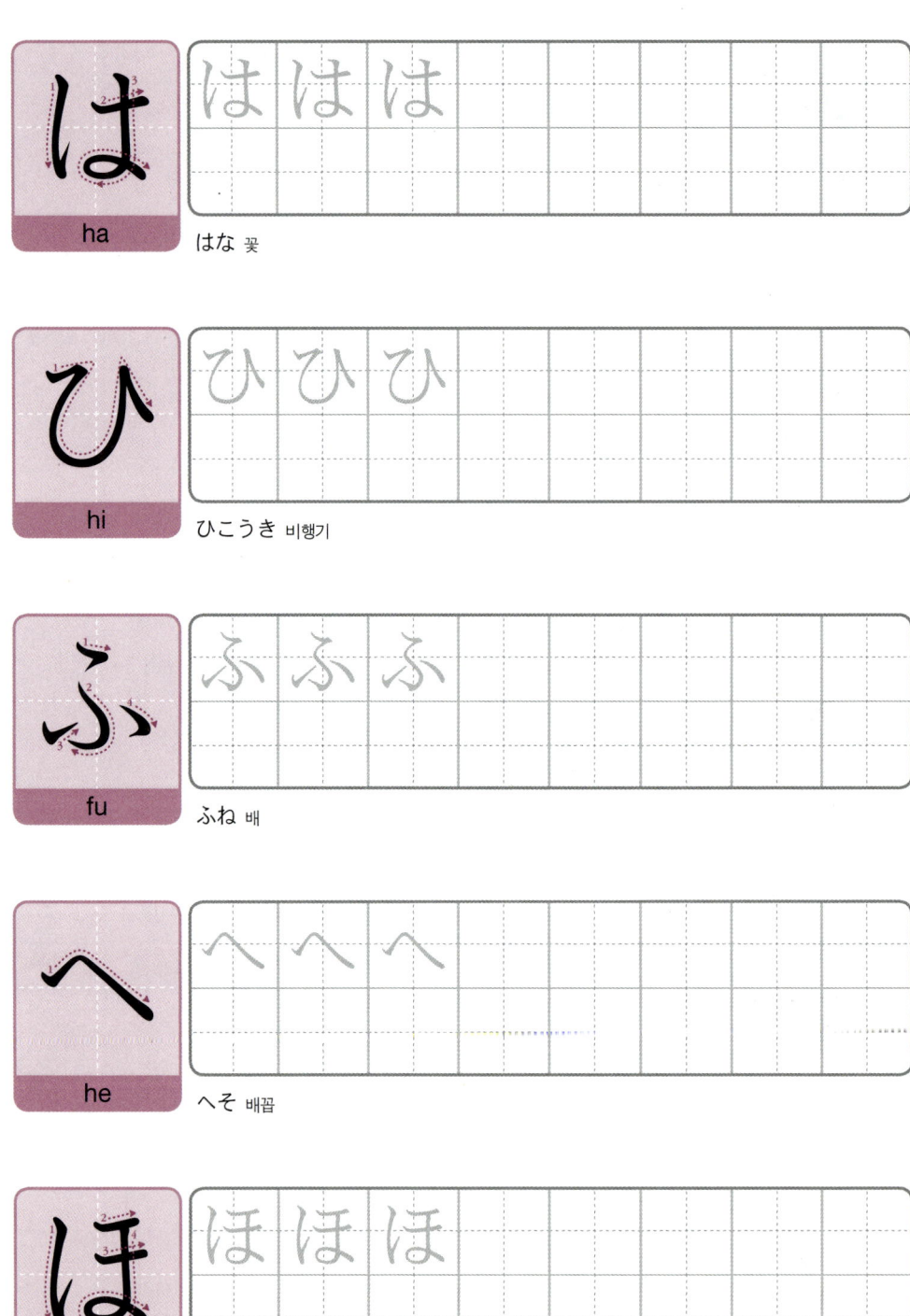

청음 は 행

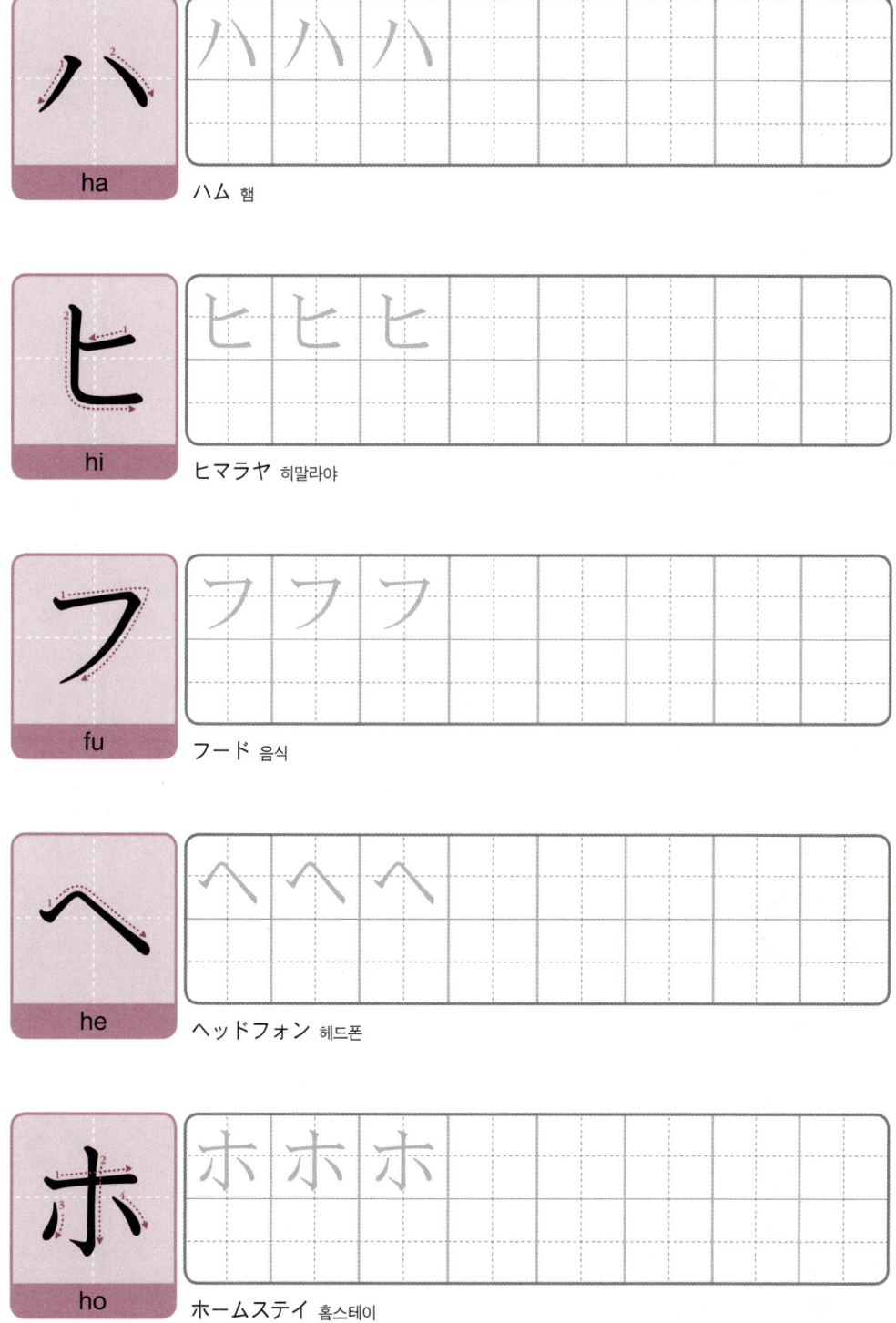

ハ ha — ハム 햄

ヒ hi — ヒマラヤ 히말라야

フ fu — フード 음식

ヘ he — ヘッドフォン 헤드폰

ホ ho — ホームステイ 홈스테이

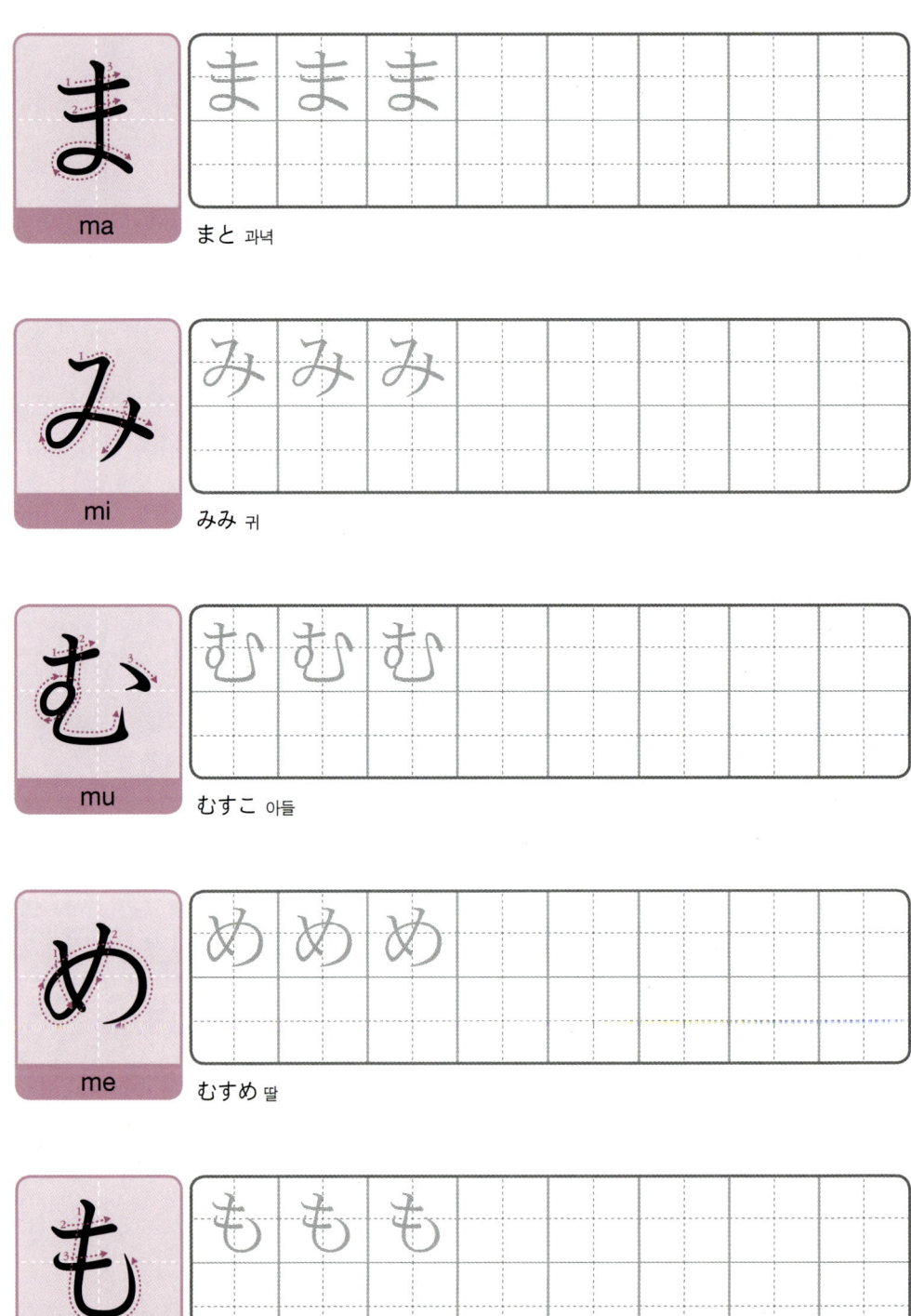

청음 ま 행

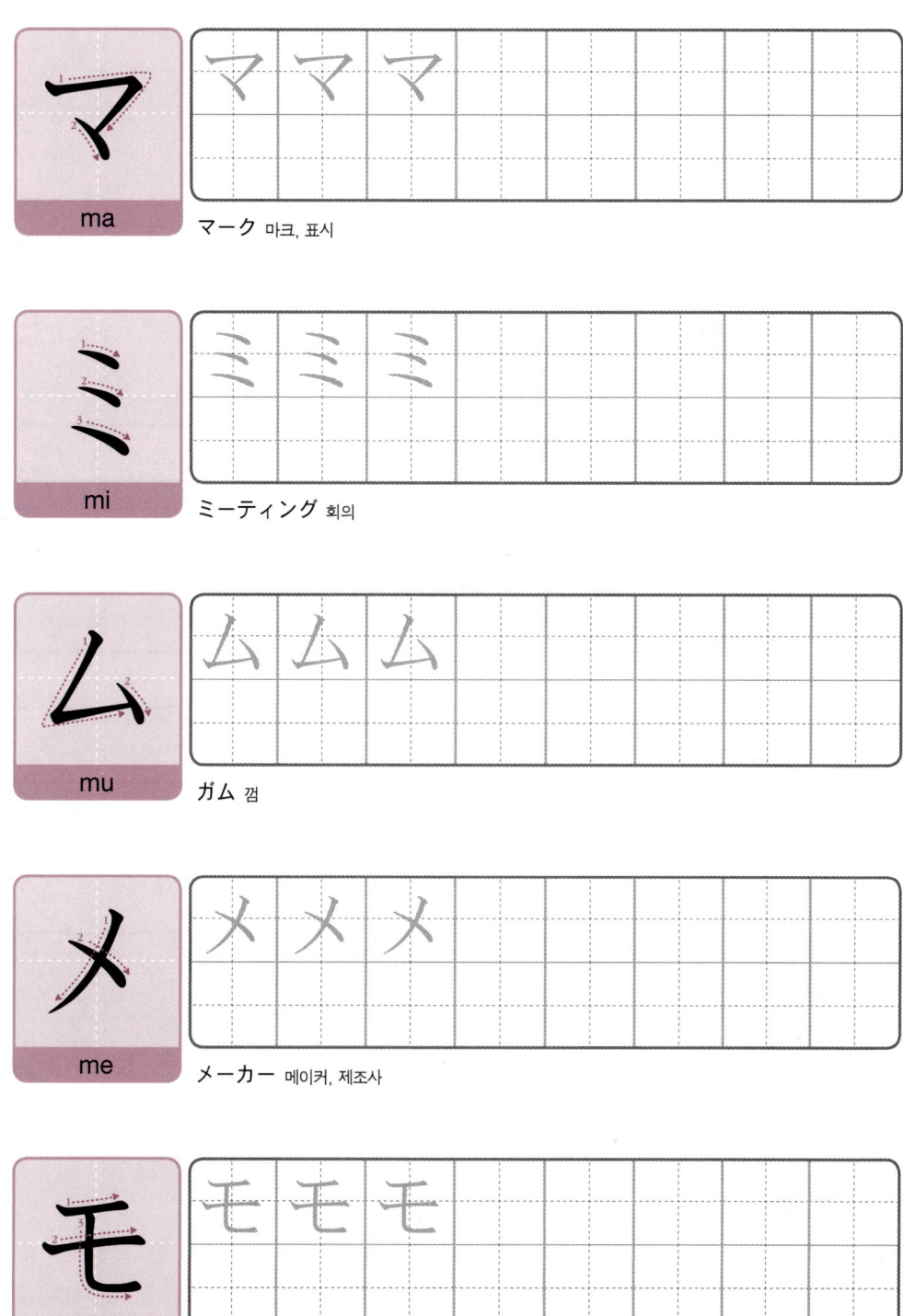

マーク 마크, 표시

ミーティング 회의

ガム 껌

メーカー 메이커, 제조사

メモ 메모

청음 や 행

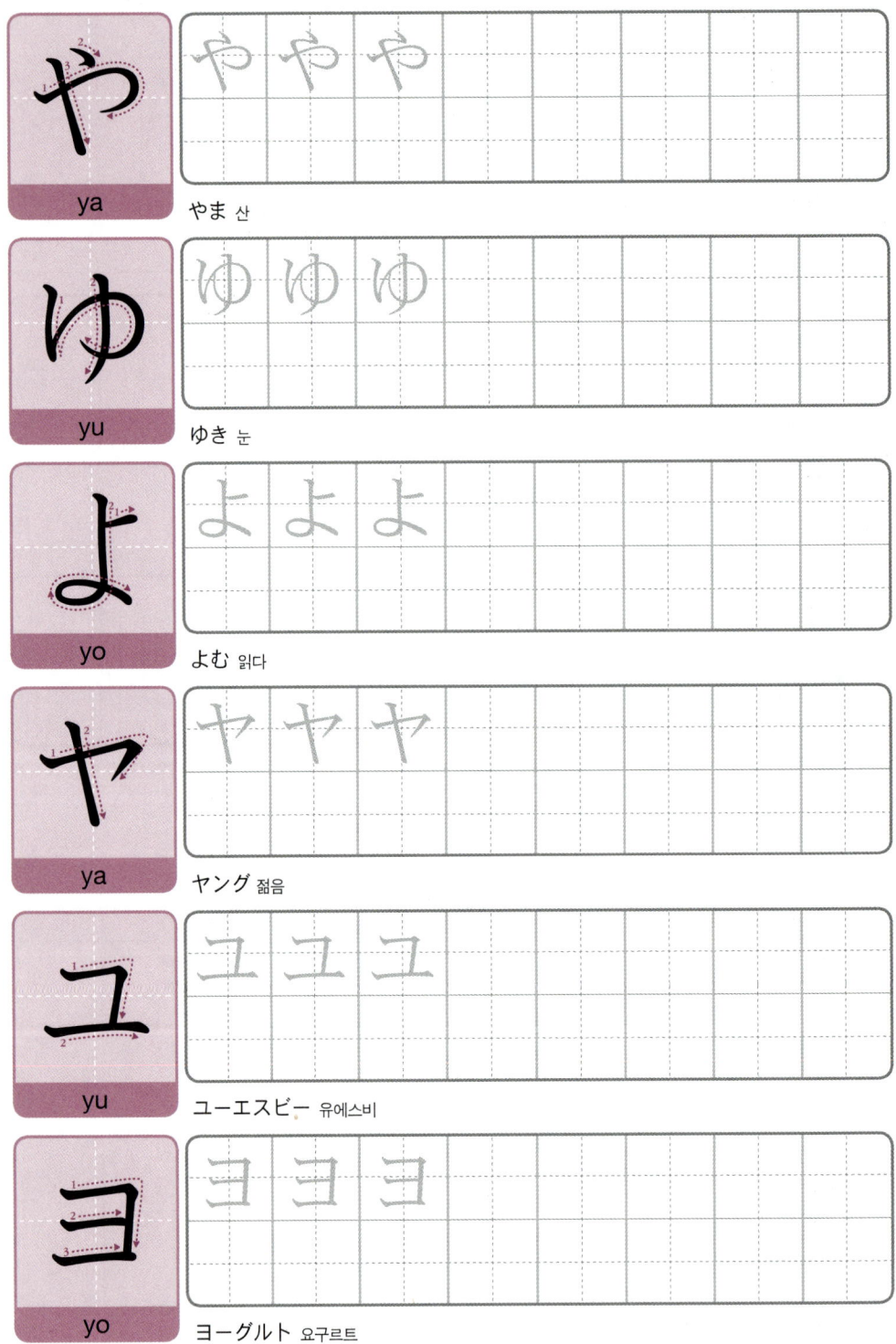

やま 산

ゆき 눈

よむ 읽다

ヤング 젊음

ユーエスビー 유에스비

ヨーグルト 요구르트

청음 ら행

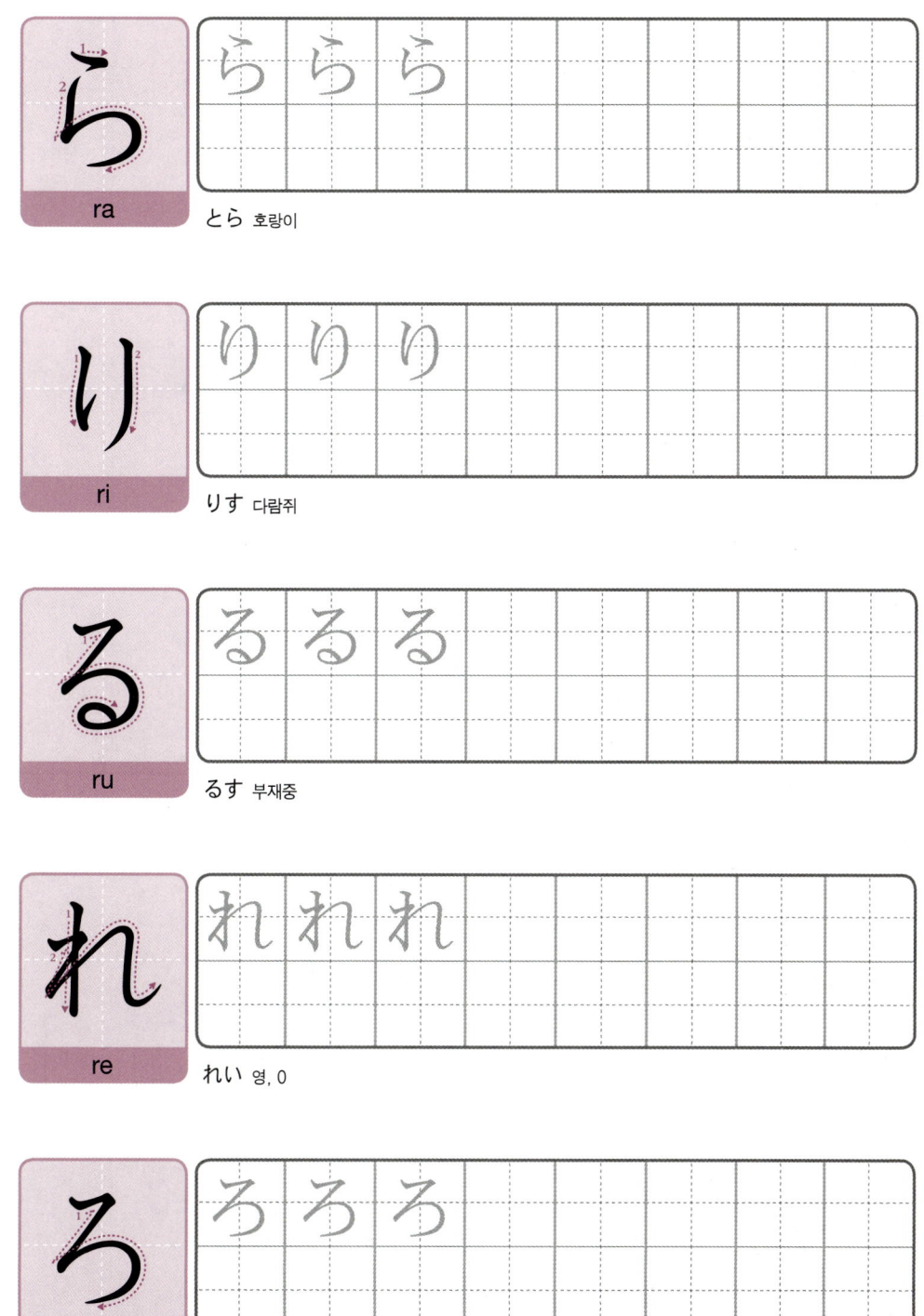

ra — とら 호랑이

ri — りす 다람쥐

ru — るす 부재중

re — れい 영, 0

ro — ろく 육, 6

청음 ら 행

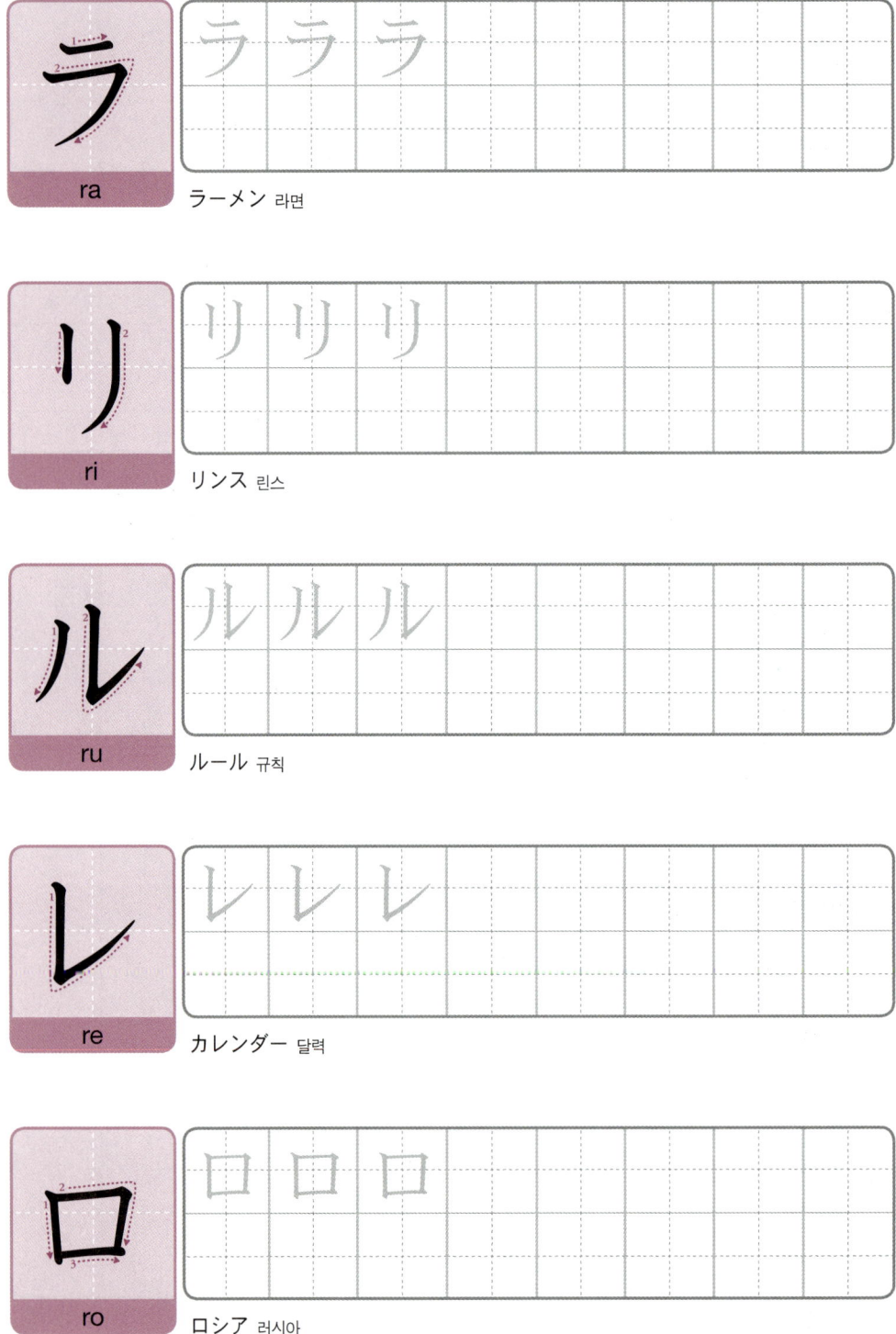

ラ ra — ラーメン 라면

リ ri — リンス 린스

ル ru — ルール 규칙

レ re — カレンダー 달력

ロ ro — ロシア 러시아

청음 わ 행 · ん

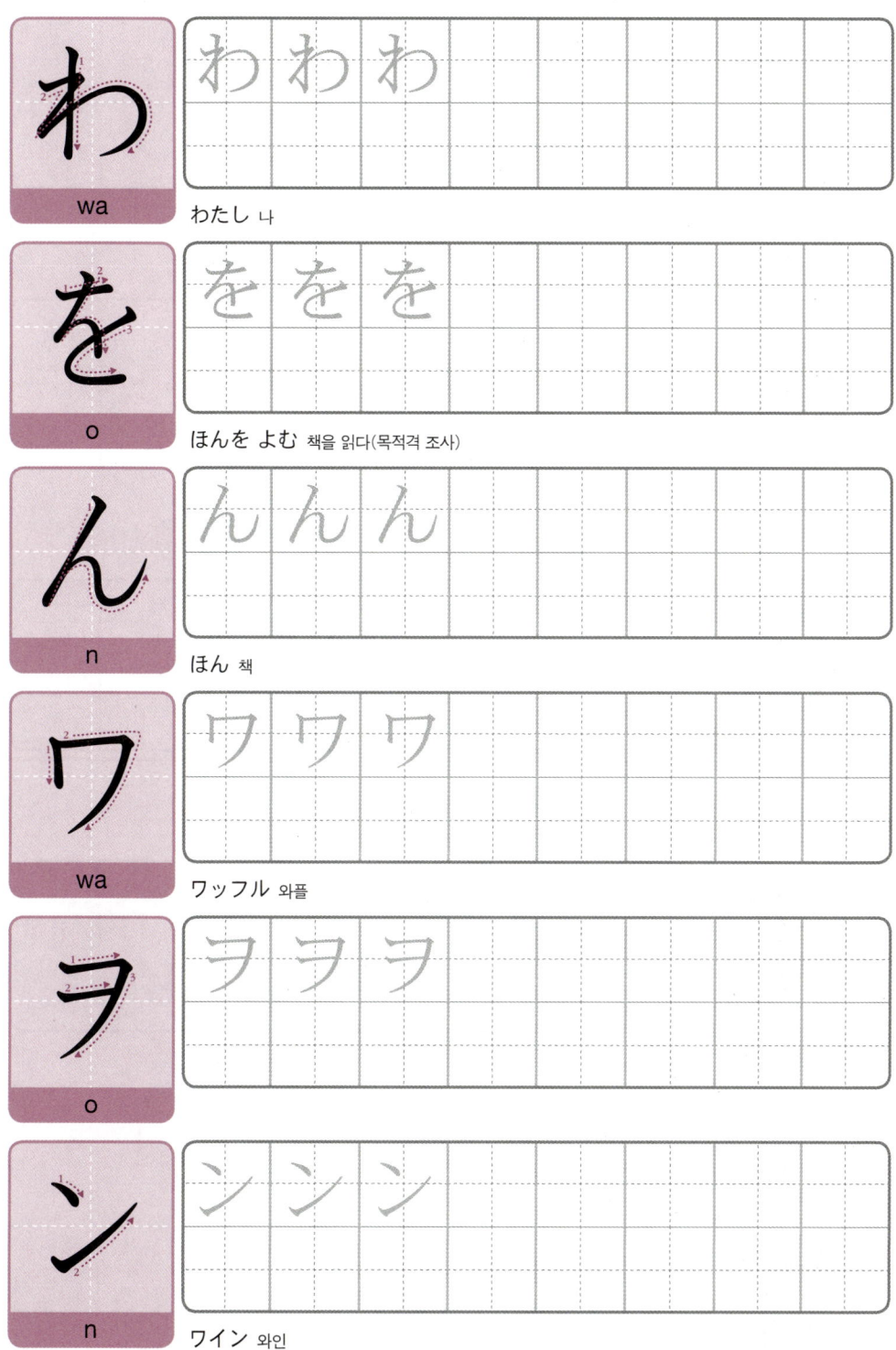

わたし 나

ほんを よむ 책을 읽다 (목적격 조사)

ほん 책

ワッフル 와플

ワイン 와인

② 탁음·반탁음

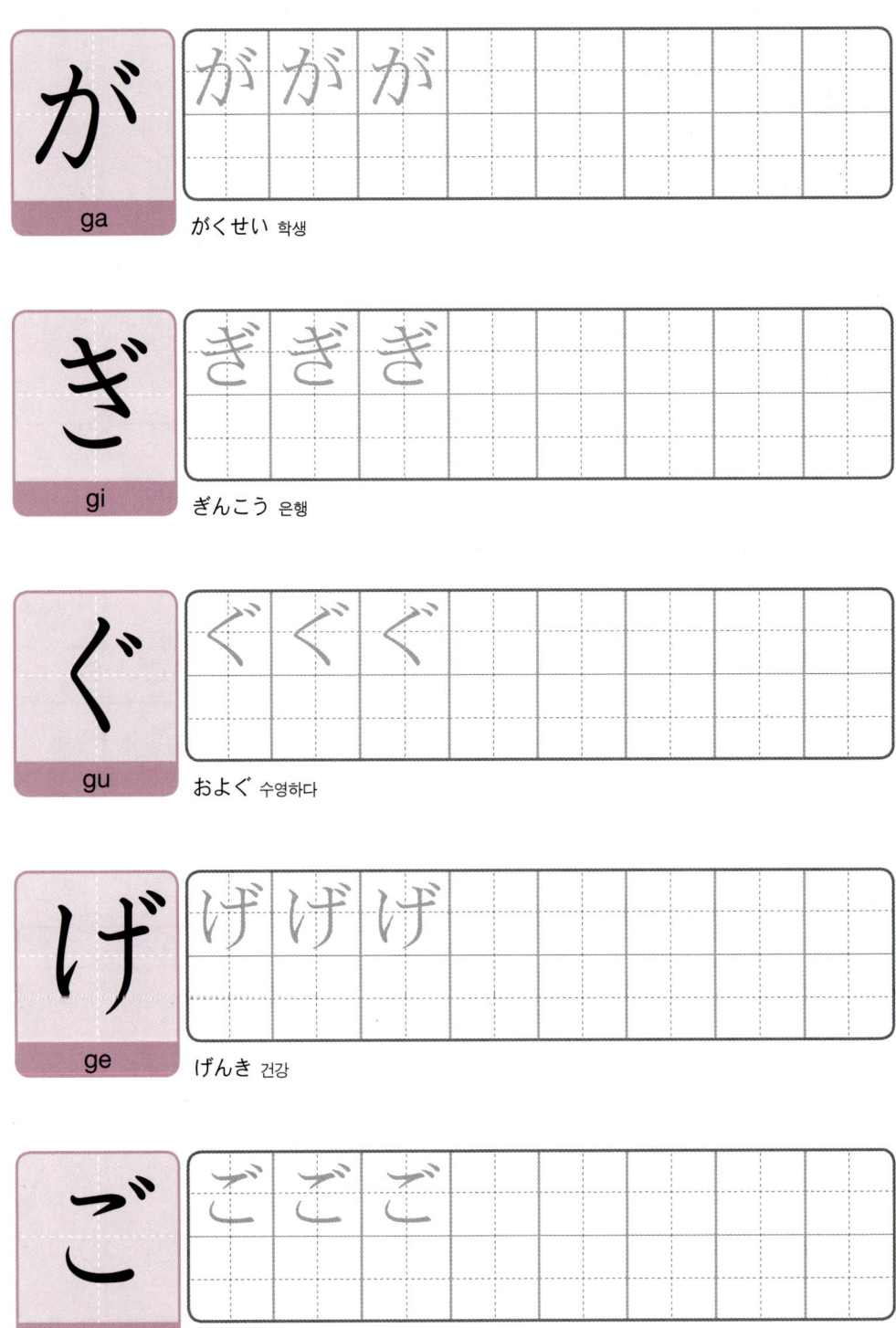

が ga — がくせい 학생

ぎ gi — ぎんこう 은행

ぐ gu — およぐ 수영하다

げ ge — げんき 건강

ご go — ごぜん 오전

탁음 が 행

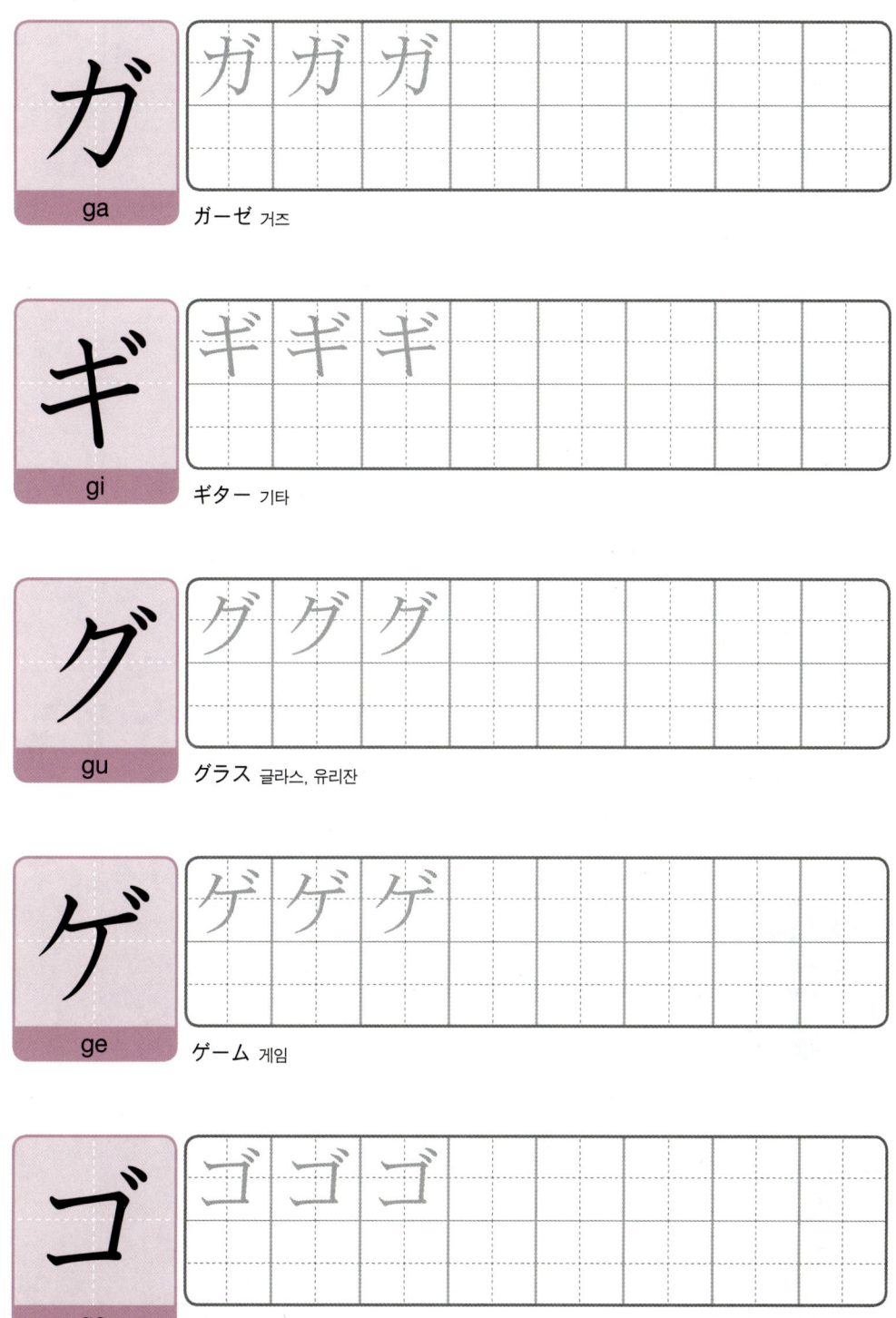

ガ ga — ガーゼ 거즈

ギ gi — ギター 기타

グ gu — グラス 글라스, 유리잔

ゲ ge — ゲーム 게임

ゴ go — ゴルフ 골프

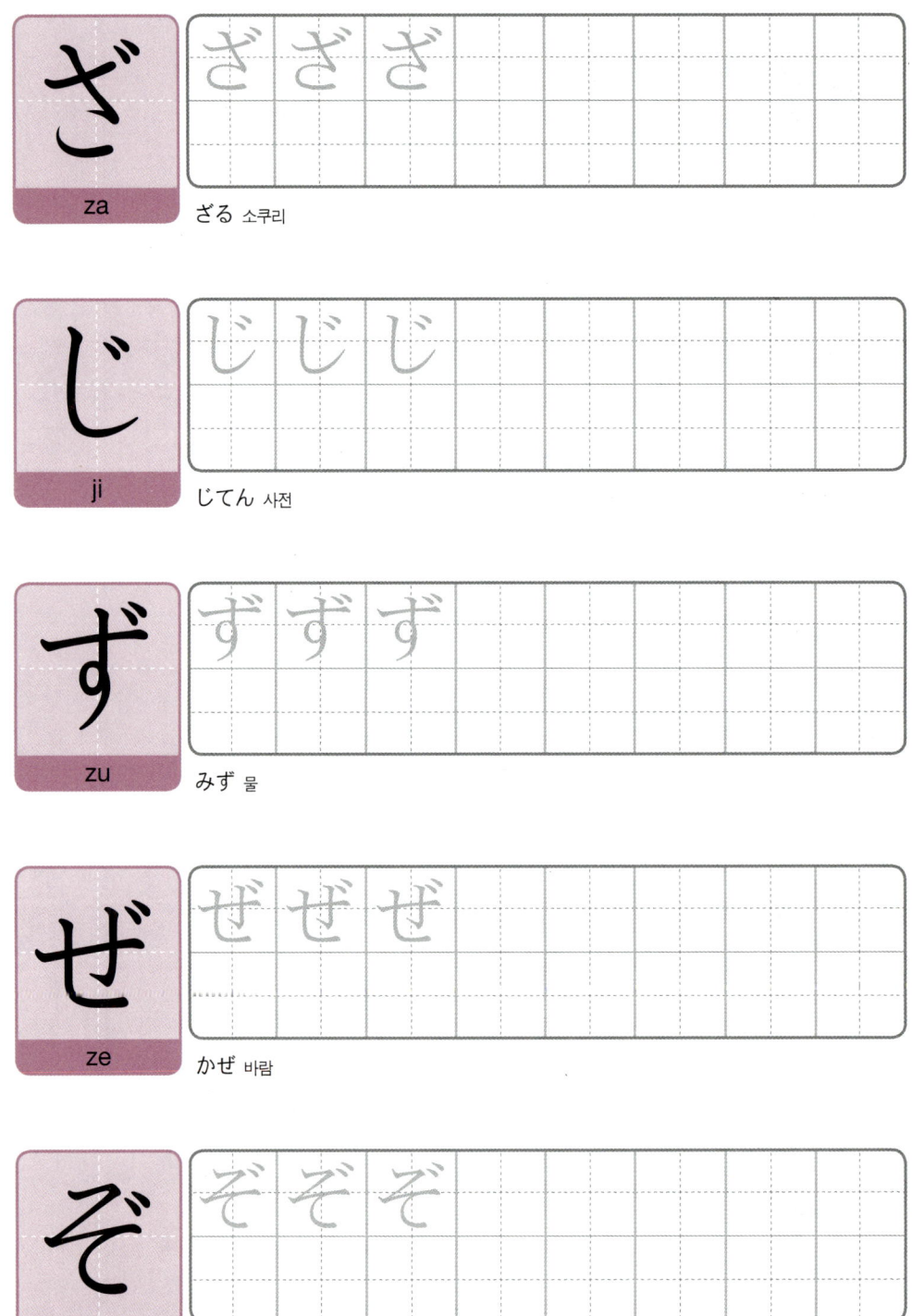

탁음 ざ 행

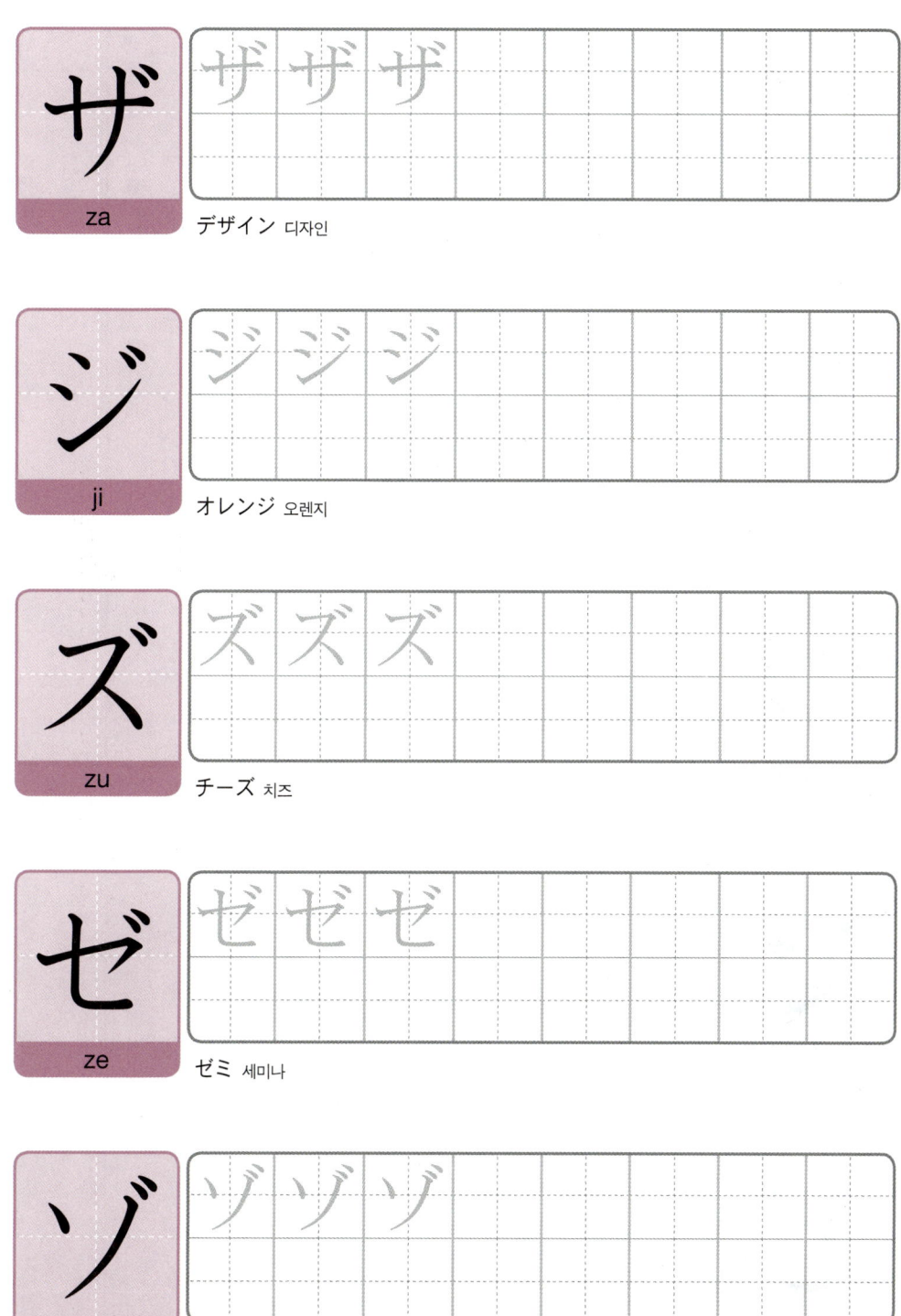

ザ za — デザイン 디자인

ジ ji — オレンジ 오렌지

ズ zu — チーズ 치즈

ゼ ze — ゼミ 세미나

ゾ zo — ゾーン 지역, 범위

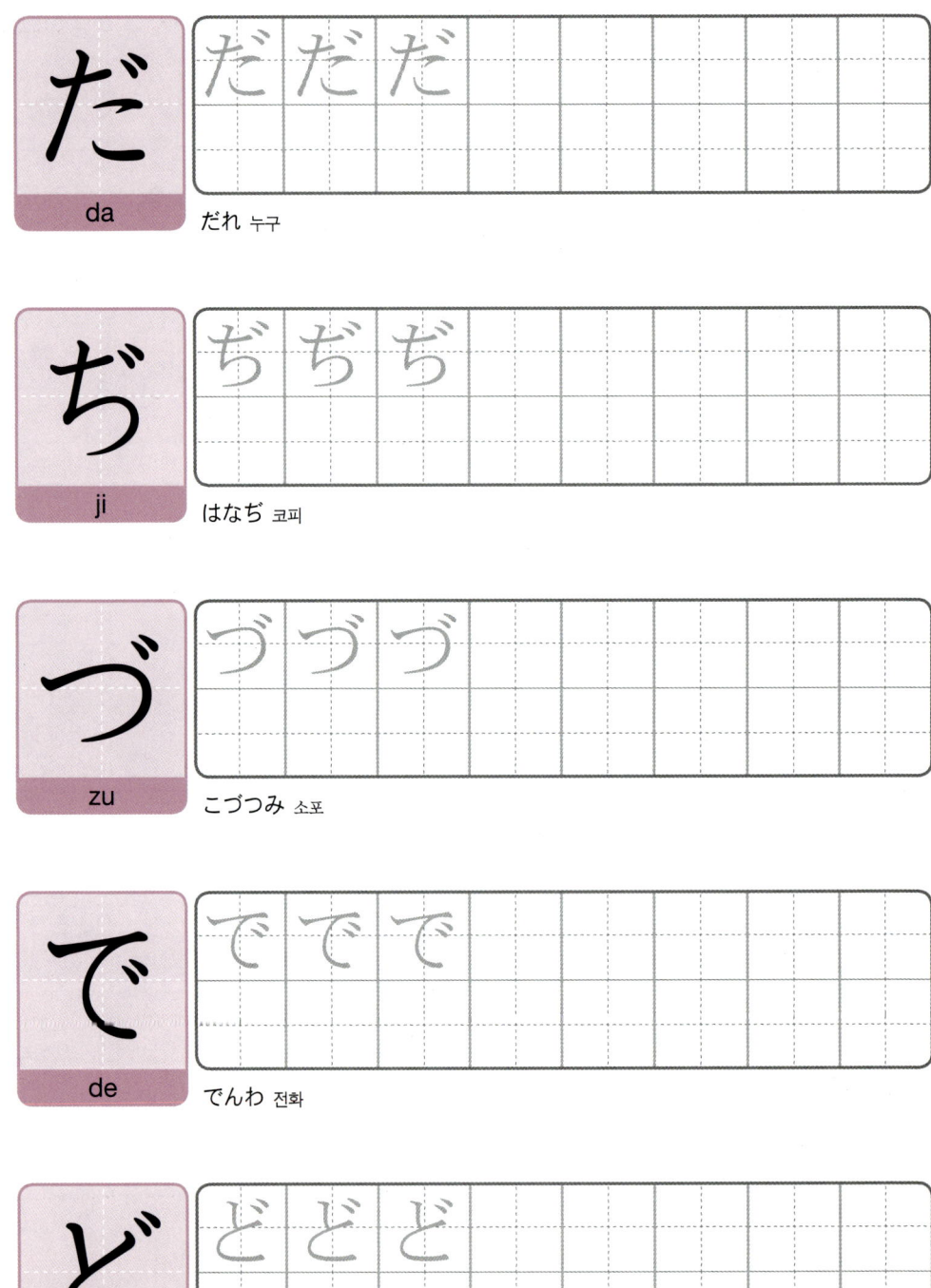

탁음 だ 행

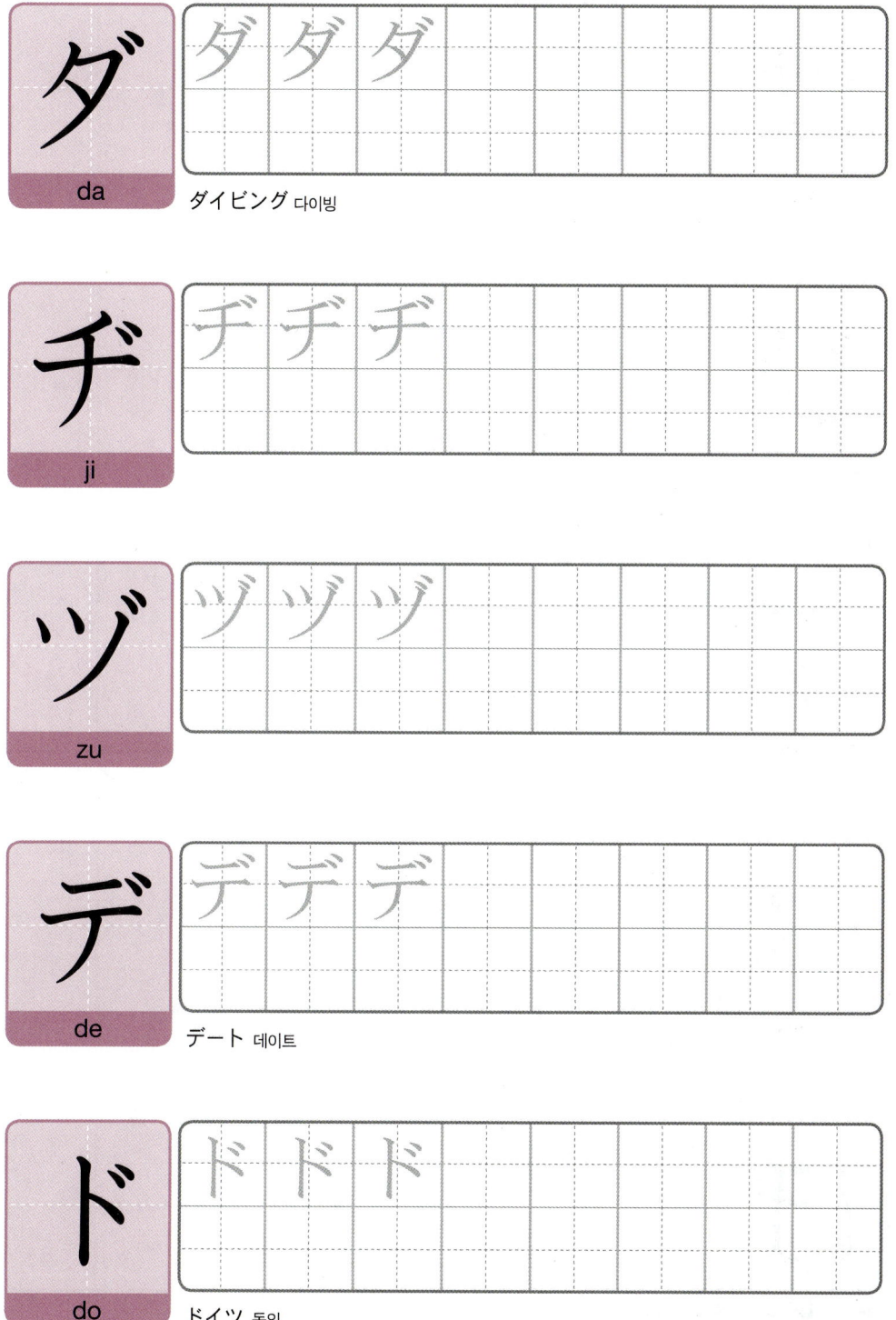

ダ da
ダイビング 다이빙

ヂ ji

ヅ zu

デ de
デート 데이트

ド do
ドイツ 독일

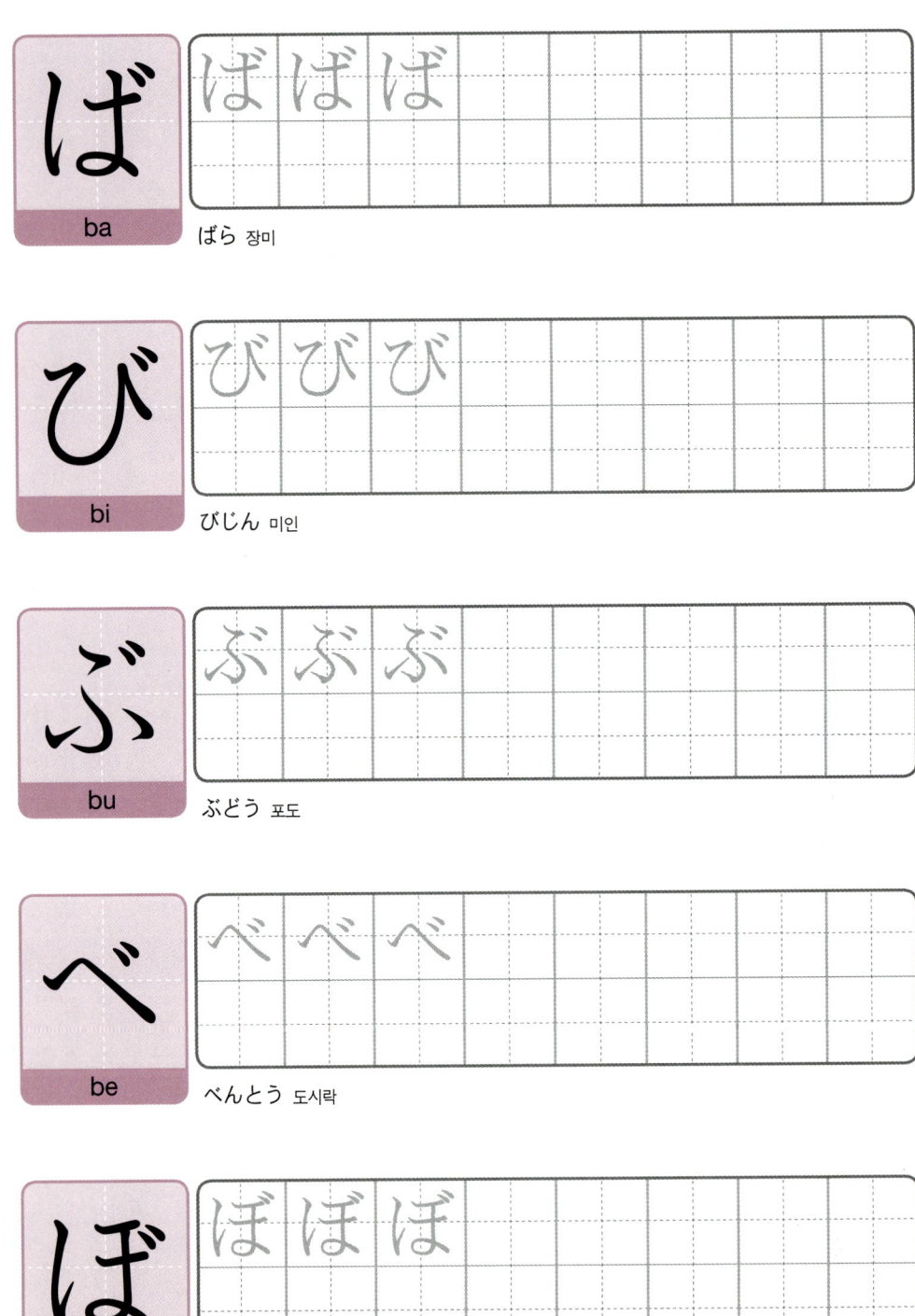

탁음 ば 행

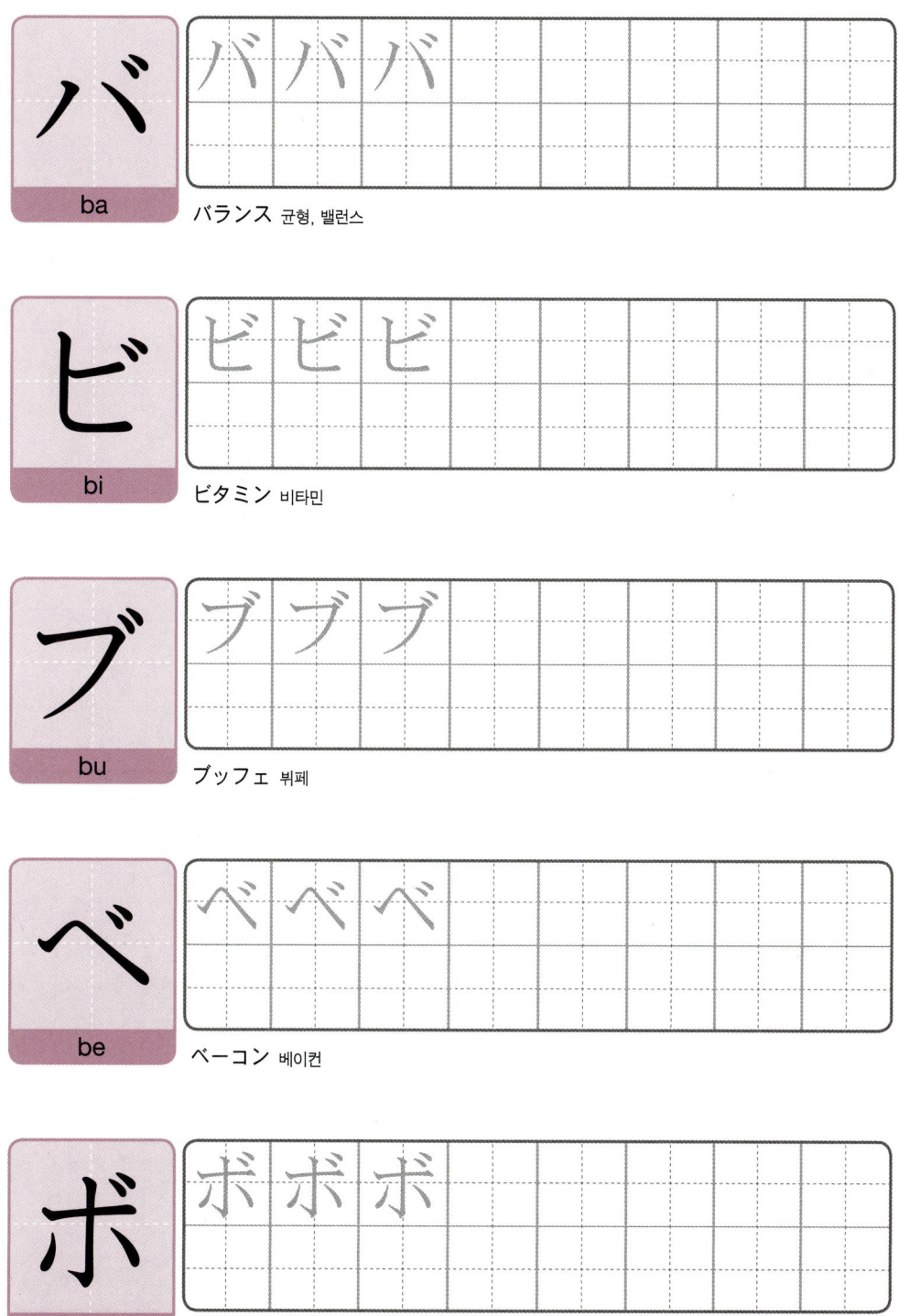

バ ba — バランス 균형, 밸런스

ビ bi — ビタミン 비타민

ブ bu — ブッフェ 뷔페

ベ be — ベーコン 베이컨

ボ bo — ボート 보트

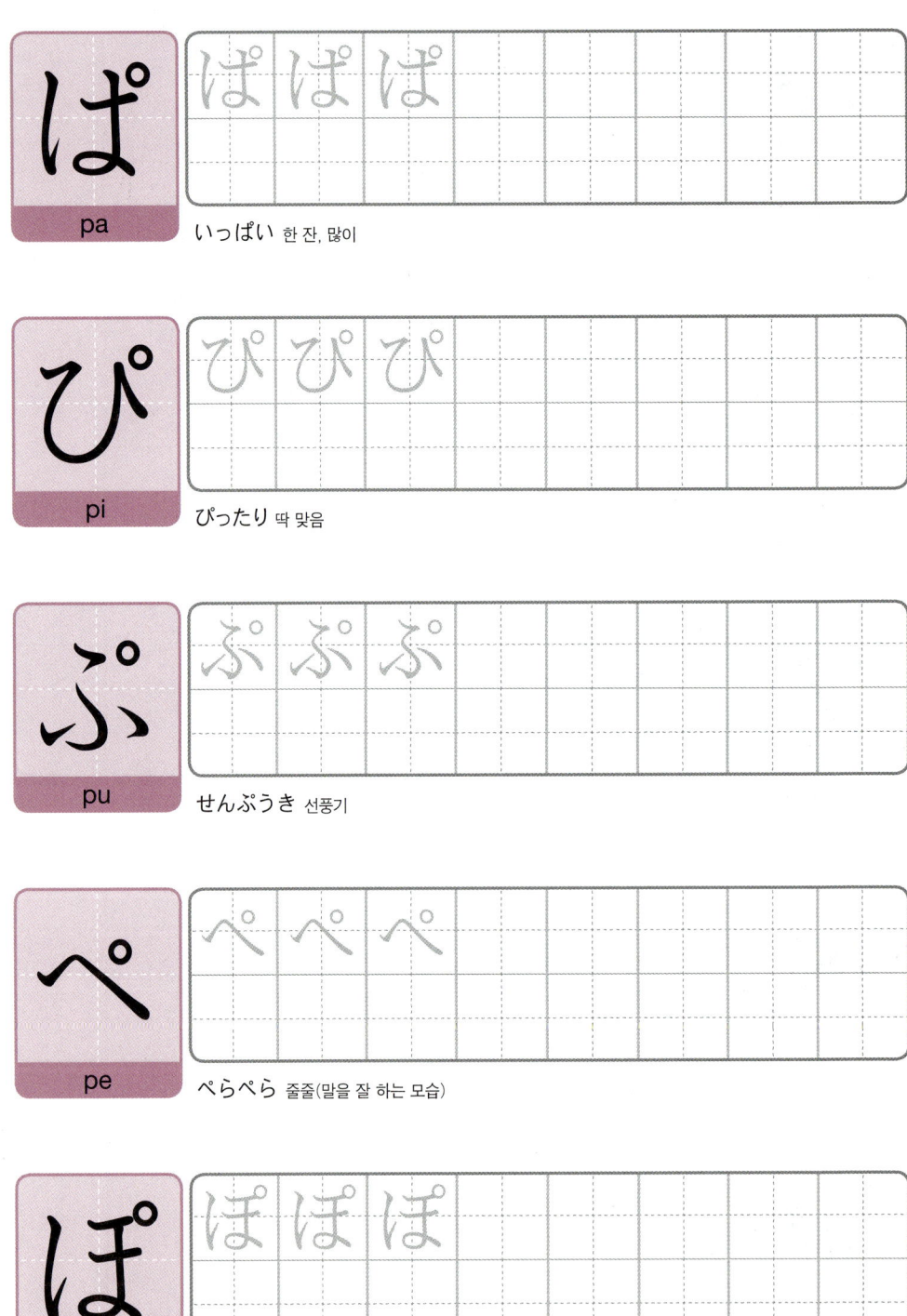

いっぱい 한 잔, 많이

ぴったり 딱 맞음

せんぷうき 선풍기

ぺらぺら 줄줄(말을 잘 하는 모습)

たんぽぽ 민들레

반탁음 ぱ 행

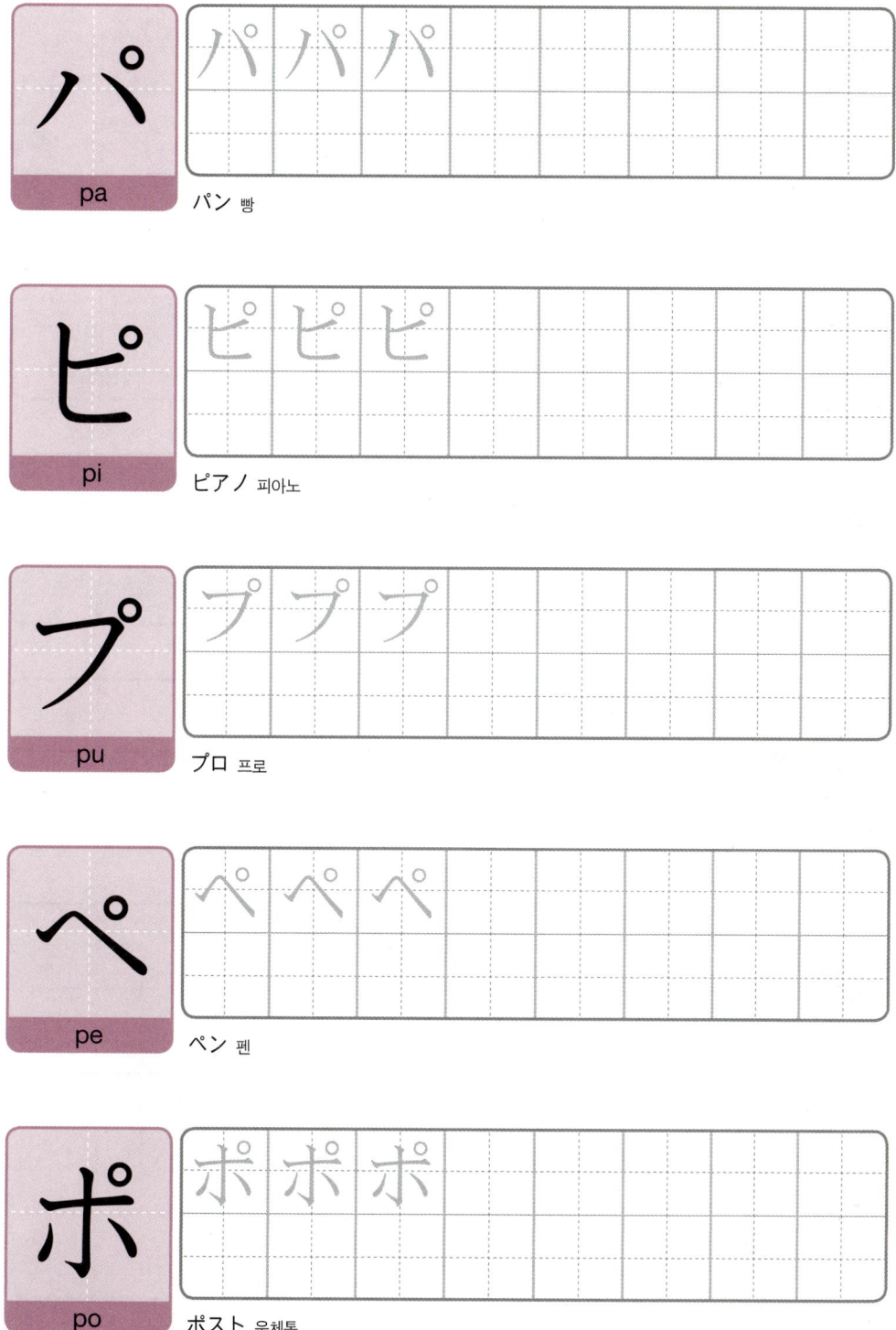

③ 요음

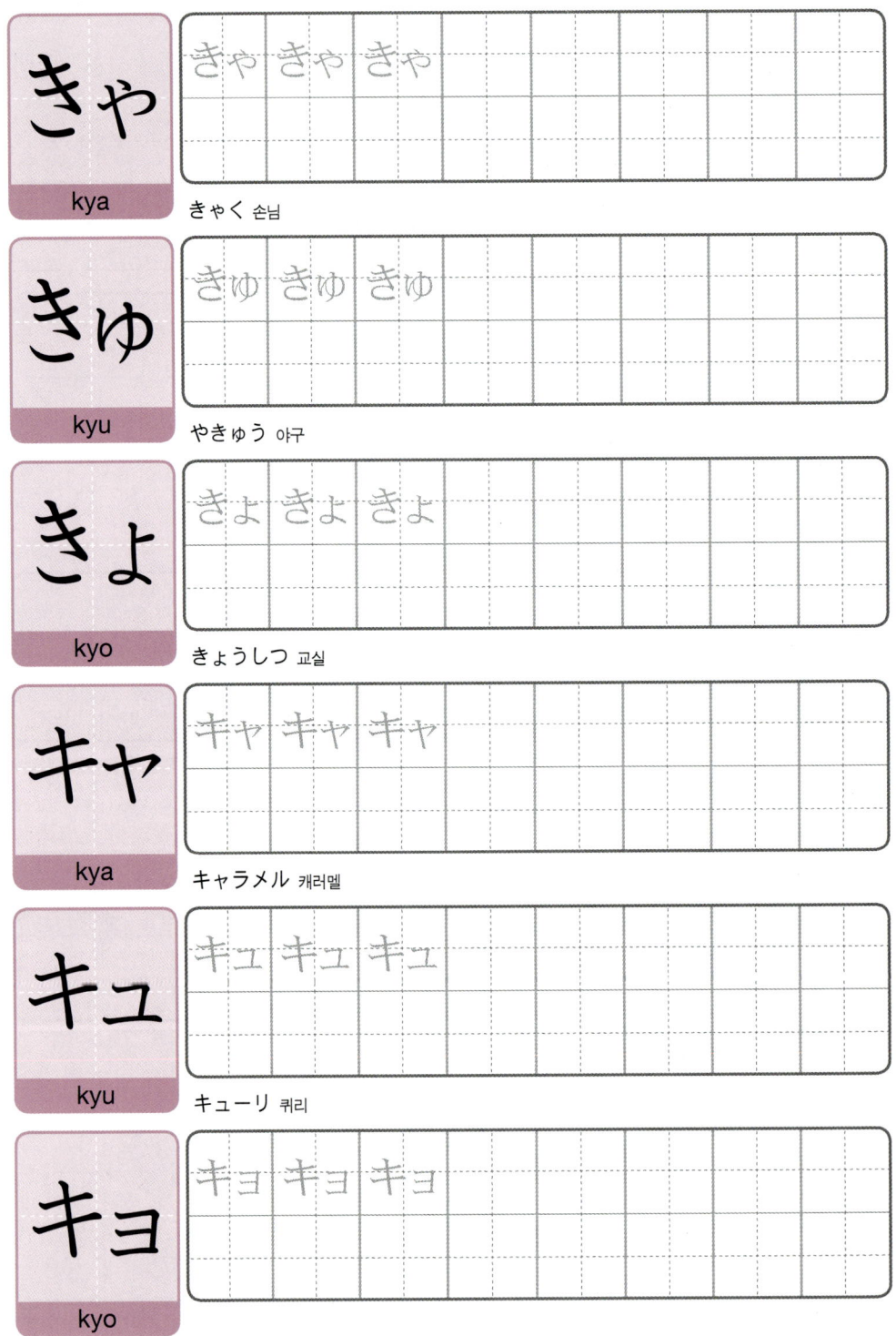

きゃ kya — きゃく 손님

きゅ kyu — やきゅう 야구

きょ kyo — きょうしつ 교실

キャ kya — キャラメル 캐러멜

キュ kyu — キューリ 퀴리

キョ kyo

요음 か が 행

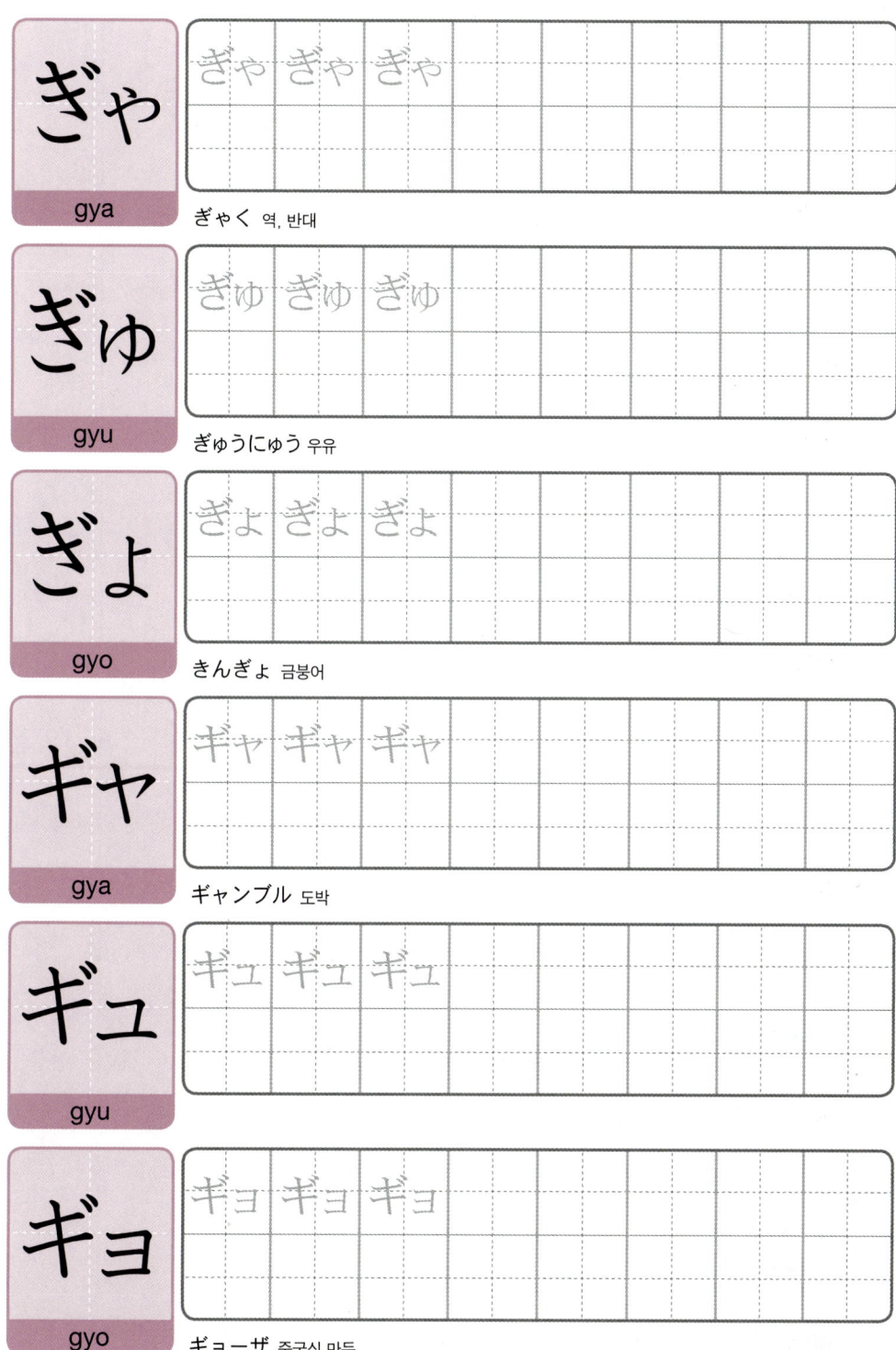

ぎゃ
gya
ぎゃく 역, 반대

ぎゅ
gyu
ぎゅうにゅう 우유

ぎょ
gyo
きんぎょ 금붕어

ギャ
gya
ギャンブル 도박

ギュ
gyu

ギョ
gyo
ギョーザ 중국식 만두

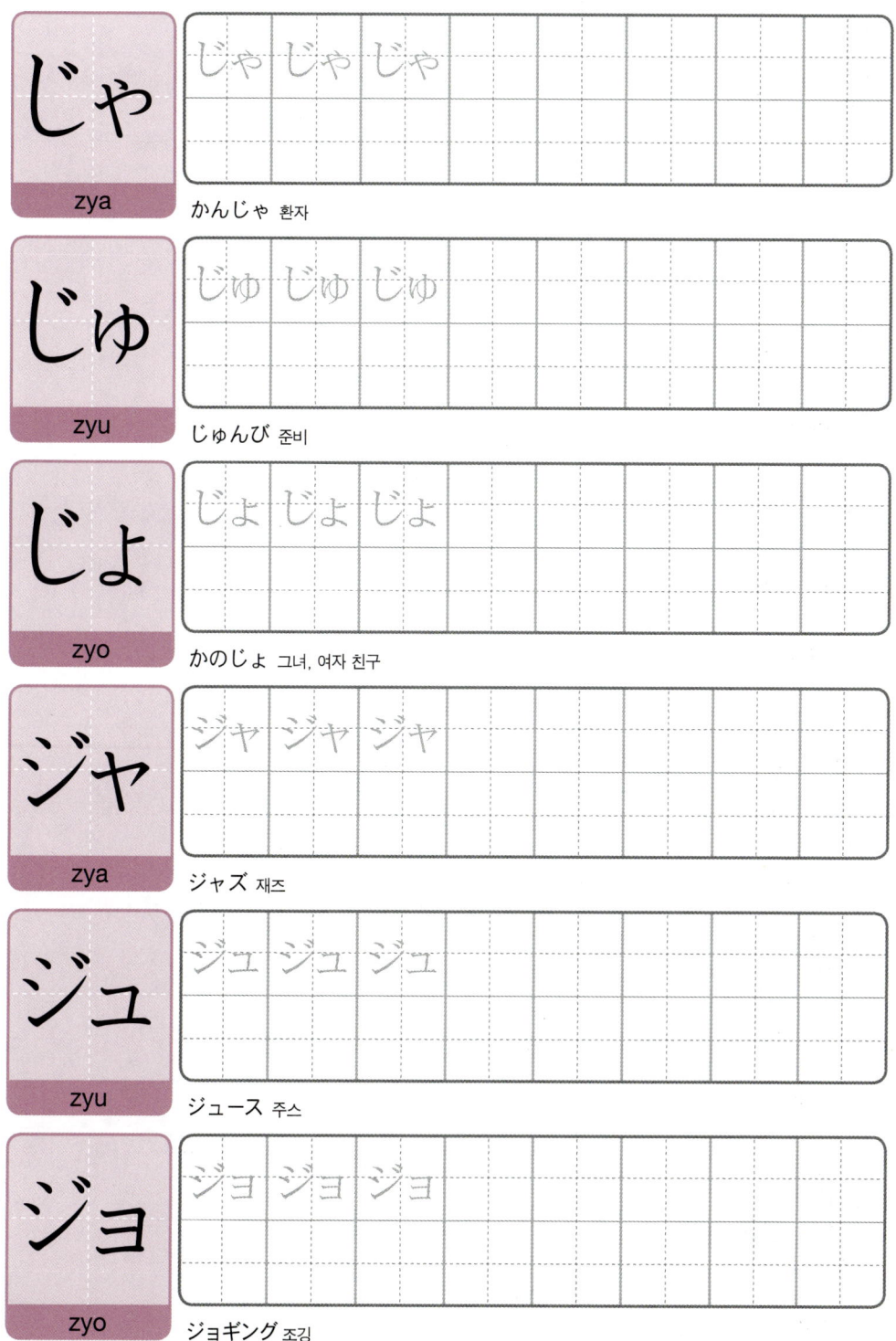

요음 た 행

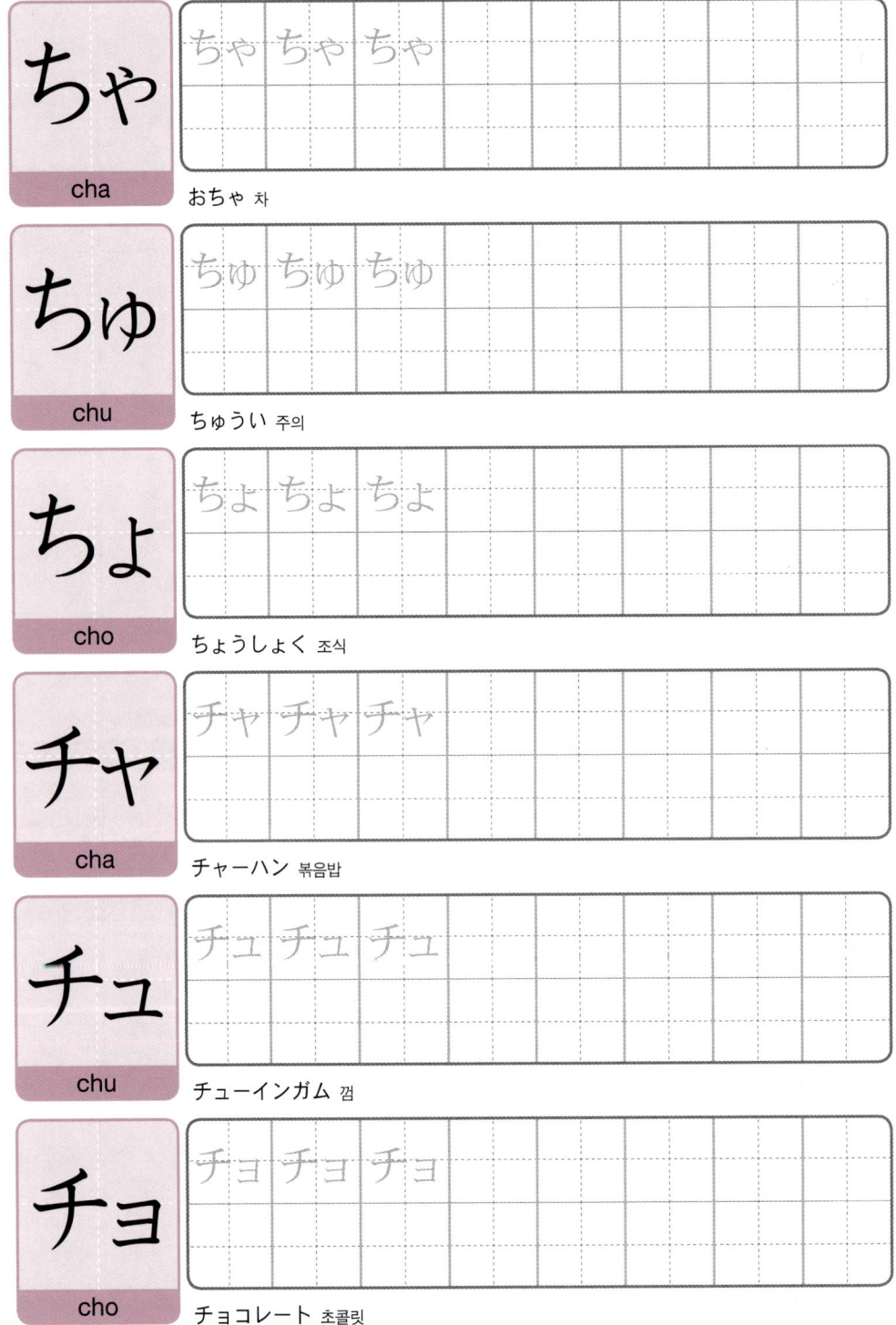

ちゃ cha — おちゃ 차

ちゅ chu — ちゅうい 주의

ちょ cho — ちょうしょく 조식

チャ cha — チャーハン 볶음밥

チュ chu — チューインガム 껌

チョ cho — チョコレート 초콜릿

요음 な 행

にゃ nya

こんにゃく 곤약

にゅ nyu

ぎゅうにゅう 우유

にょ nyo

にょうぼう 아내

ニャ nya

ラニーニャ 라니냐

ニュ nyu

ニュアンス 뉘앙스

ニョ nyo

요음 は 행

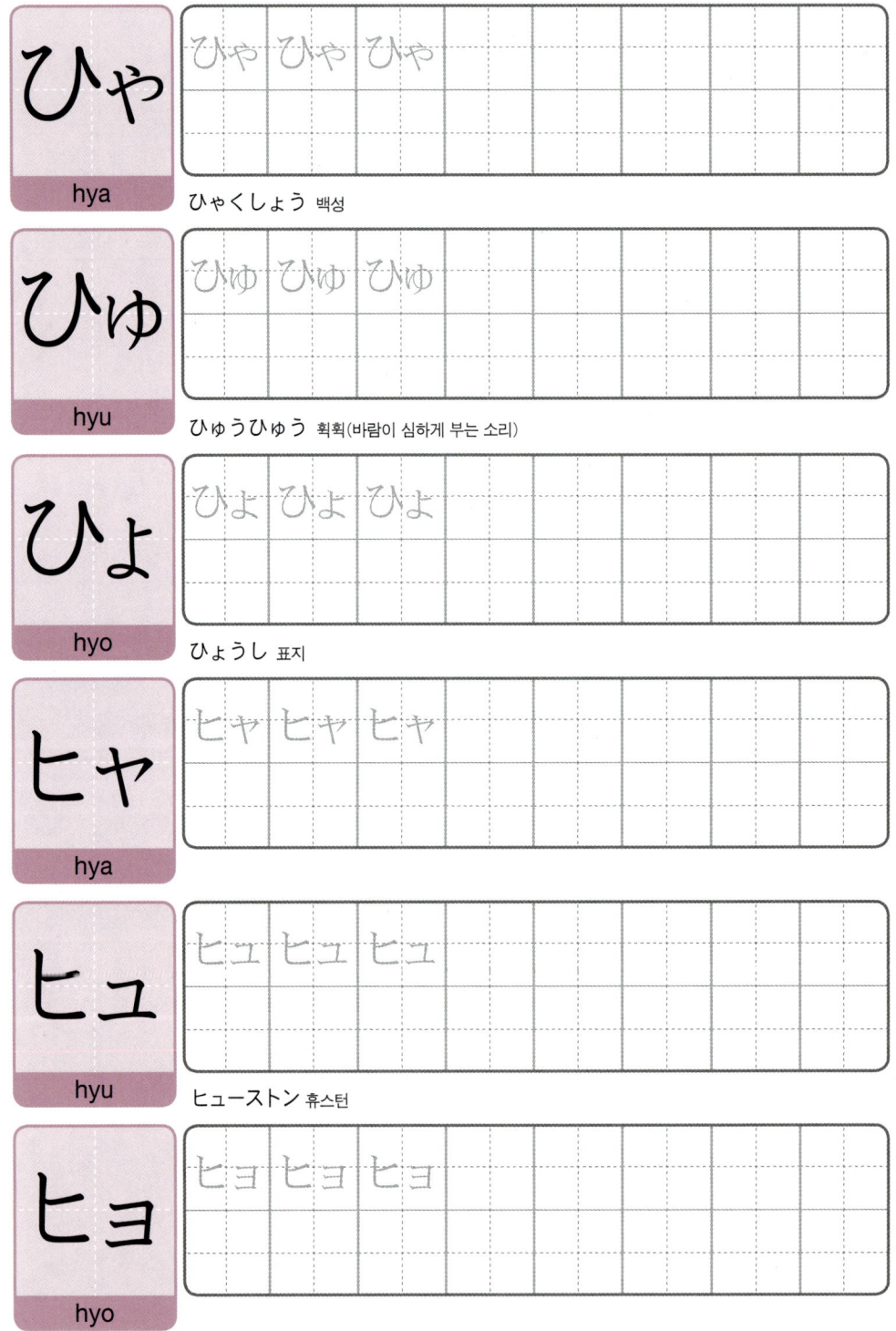

ひゃ hya
ひゃくしょう 백성

ひゅ hyu
ひゅうひゅう 휙휙(바람이 심하게 부는 소리)

ひょ hyo
ひょうし 표지

ヒャ hya

ヒュ hyu
ヒューストン 휴스턴

ヒョ hyo

요음 ば행

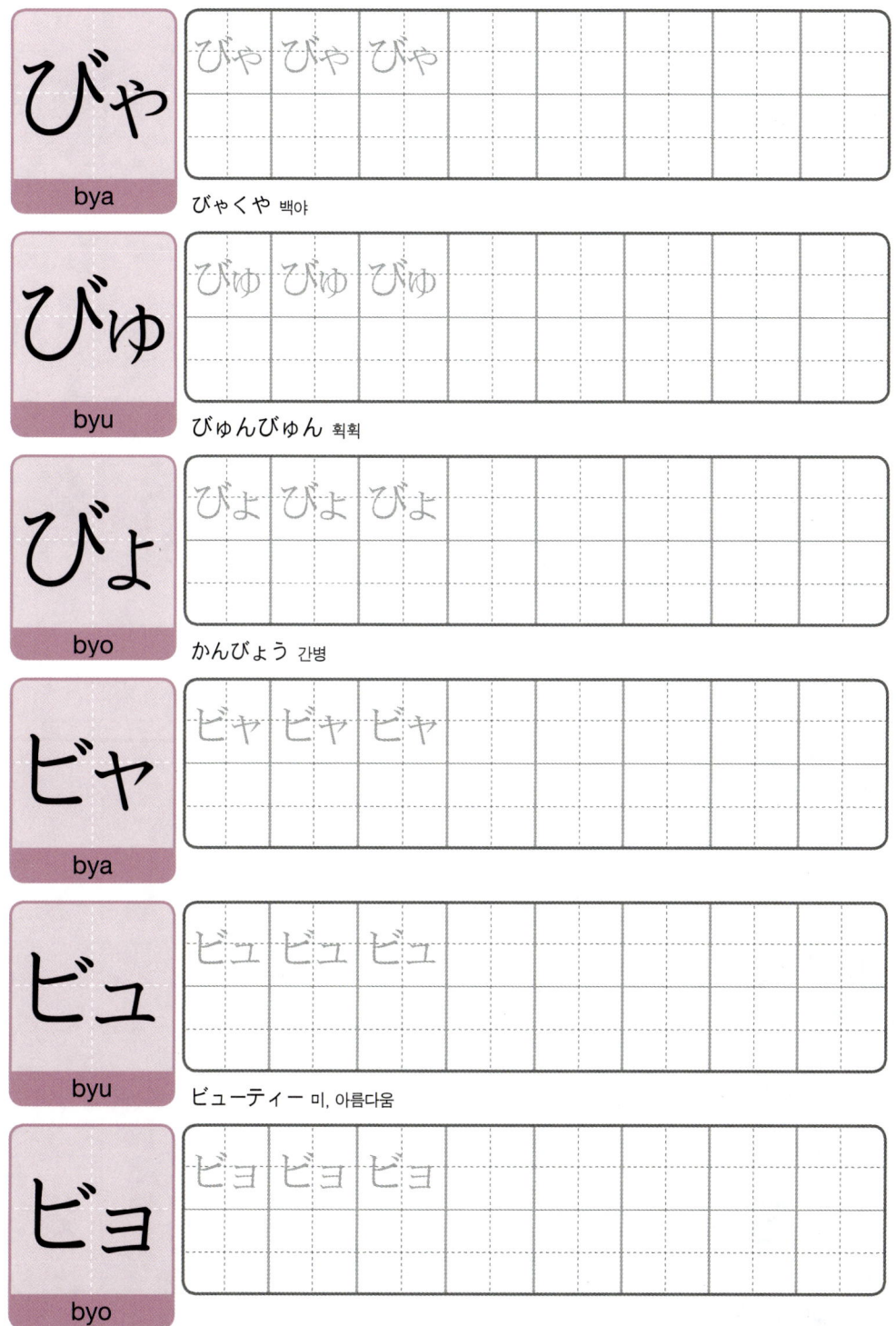

びゃくや 백야

びゅんびゅん 휙휙

かんびょう 간병

ビューティー 미, 아름다움

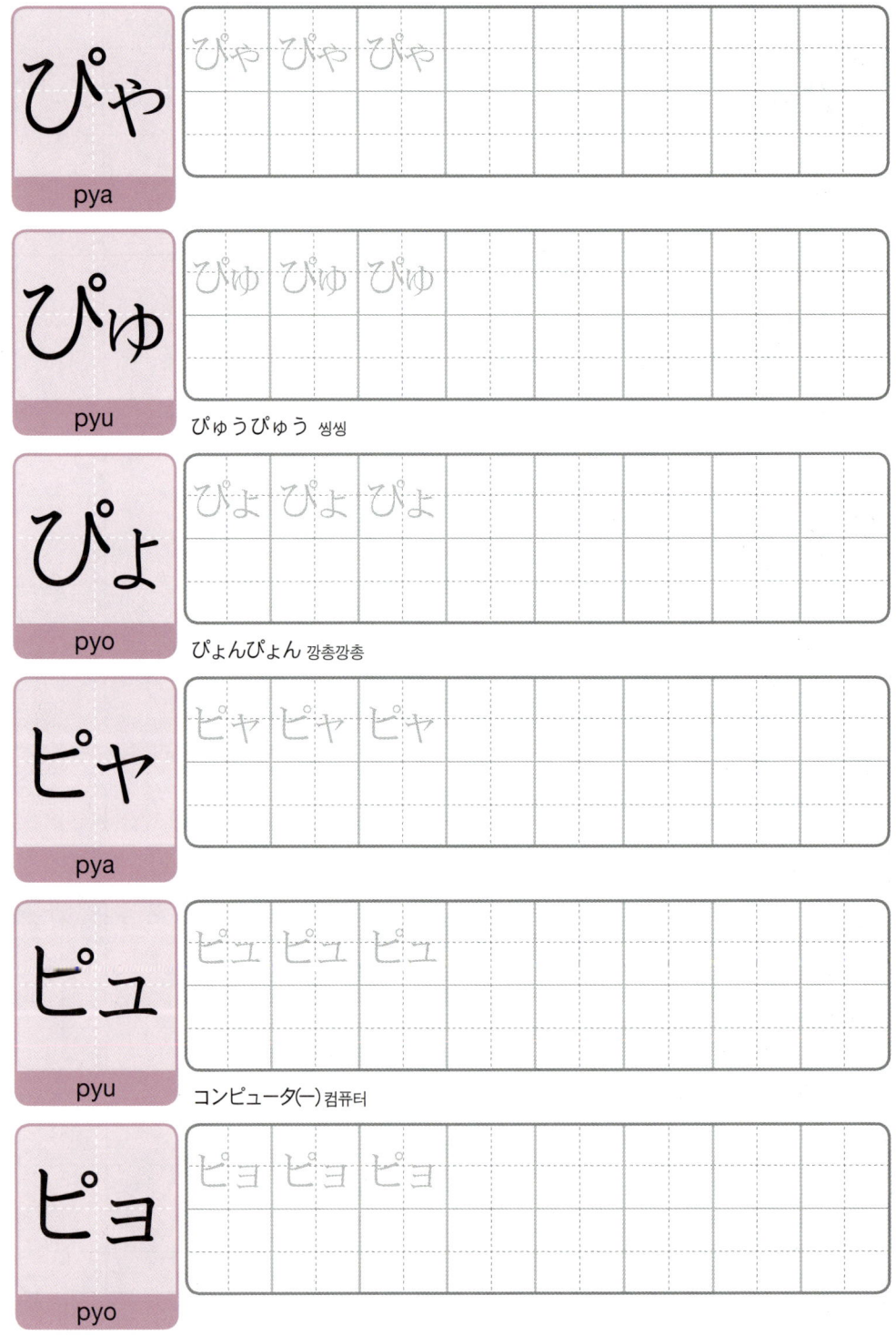

ぴゅうぴゅう 씽씽

ぴょんぴょん 깡총깡총

コンピュータ(ー) 컴퓨터

요음 ま행

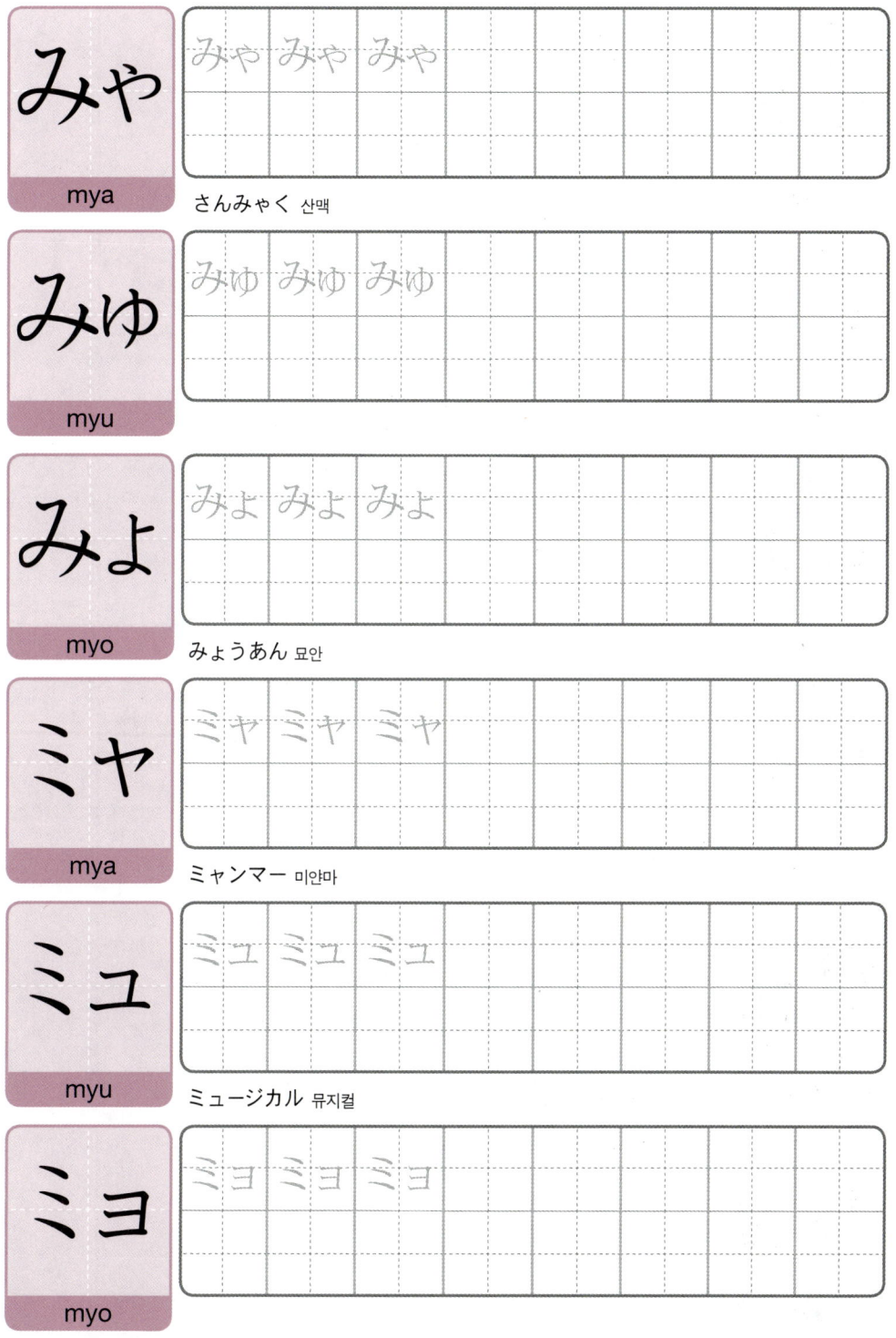

みゃ mya　さんみゃく 산맥

みゅ myu

みょ myo　みょうあん 묘안

ミャ mya　ミャンマー 미얀마

ミュ myu　ミュージカル 뮤지컬

ミョ myo

요음 ら행

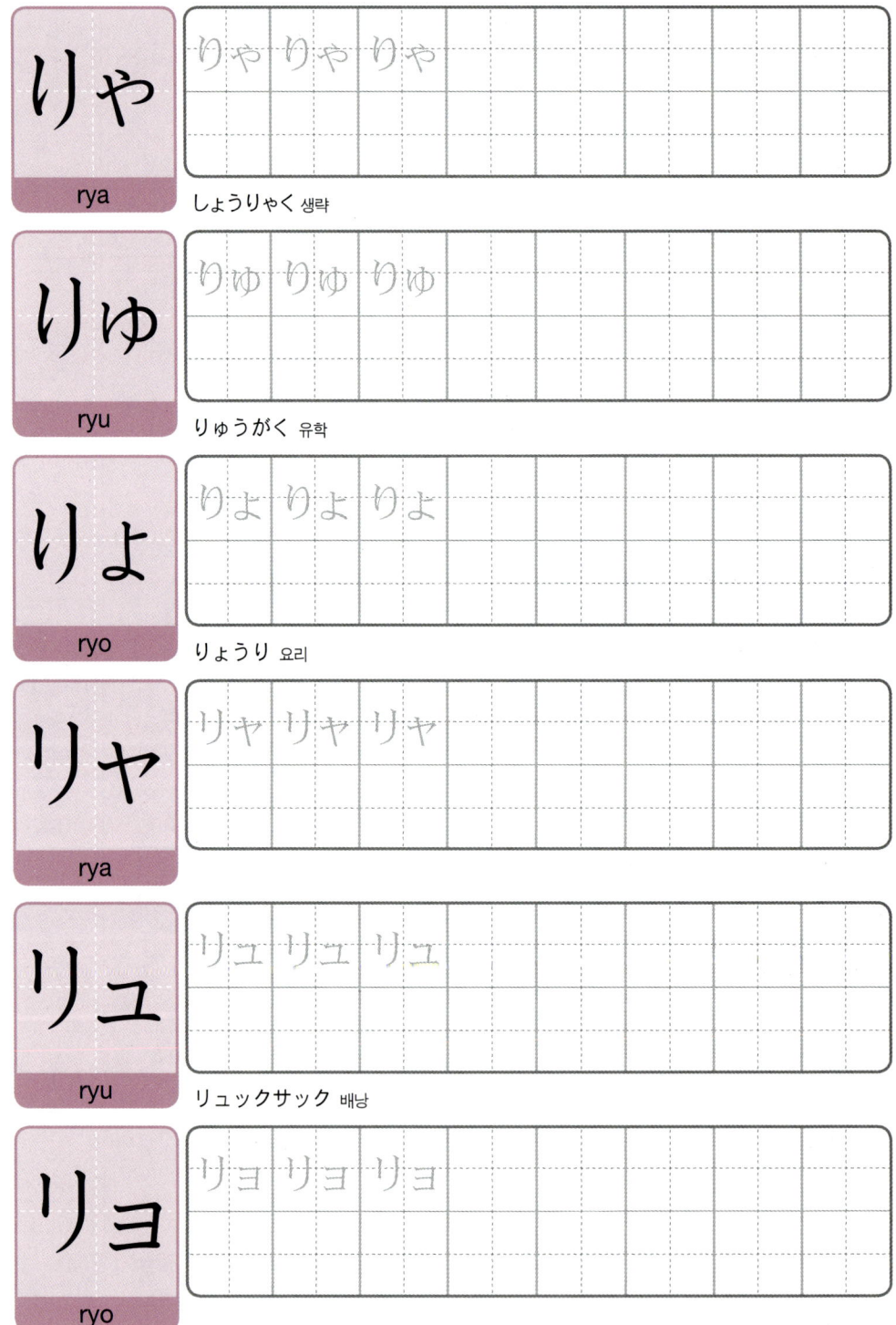

New 다이나믹 일본어 시리즈의 특징

- 학습자 수준을 고려한 쉽고 재미있는 내용 전개
- 단계별 필수 어휘 및 문형 제시
- 일본어 문자부터 일상회화까지 단계적 학습 가능
- 현장 강의 경험을 반영한 대상별·수준별 난이도 적용

▶ 1단계 **New 다이나믹 일본어 Step 1**
▶ 2단계 **New 다이나믹 일본어 Step 2**
▶ 3단계 **New 다이나믹 일본어 Step 3**
▶ 4단계 **New 다이나믹 일본어 Step 4**
▶ 5단계 **New 다이나믹 일본어 Step 5**